DEVOIRS
DU ROI ET DU PEUPLE,

PENSÉES SALUTAIRES

DU R. P. EUGÈNE,

PRÊTRE-CAPUCIN ESPAGNOL,

mises au jour par un Ami de la Religion.

1re édition.

(Il y a plusieurs autres ouvrages du même auteur dont on a
épuisé 60,000 exemplaires.)

A DIJON,
chez tous les libraires.
1844.
Avec permission.

DEVOIRS
DU ROI ET DU PEUPLE

PENSÉES SALUTAIRES

DU

R. P. EUGÈNE,

PRÊTRE-CAPUCIN ESPAGNOL,

du royaume de Valence,

FONDATEUR DES COUVENTS DE GEMENOS, MARSEILLE
ET AIX EN PROVENCE;

mises au jour par un ami de la Religion.

—

PREMIÈRE ÉDITION.

—

(Il y a plusieurs autres ouvrages du même auteur,
dont on a épuisé 60,000 exemplaires)

DIJON,

IMPRIMERIE DE D.-BRUGNOT,

Place d'Armes, n. 10.

1844.

Avec permission.

PRÉFACE.

Les rois et les peuples trouveront dans l'Ecriture-Sainte les lumières pour s'instruire sur la connaissance de Dieu et de Jésus-Christ, sur la véritable religion et les moyens d'être heureux.

Je rapporte plusieurs faits historiques pour raffermir principalement le peuple dans la foi.

DEVOIRS

DU ROI ET DU PEUPLE.

Per me Reges regnant.
Par moi les Rois régnent.
(SALOMON, VIII.)

———

Le Roi doit avoir la connaissance de soi-même.

L'orgueil fit tomber les Anges du Ciel et plusieurs rois de leurs trônes; il faut que le roi aie la parfaite connaissance de soi-même, imitant principalement le roi David et le roi Salomon. Le roi doit considérer les paroles de la sagesse et dire, comme le roi Salomon : Je suis moi-même un homme mortel, semblable à tous les hommes, sorti de la race de celui qui, le premier, fut formé de terre ; mon corps a pris sa figure dans le ventre de ma mère pendant neuf mois, et j'ai été formé d'un sang épaissi et de la substance de l'homme dans le repos du sommeil ; étant né, j'ai respiré l'air commun à tous ; je suis tombé sur la même terre ; je me suis fait entendre, d'abord, en pleurant comme tous les autres ; j'ai été enveloppé de langes et élevé avec de grands soins : car il n'y a point de roi qui soit né autrement ; il n'y a, pour tous, qu'une manière d'entrer dans la vie et qu'une manière d'en sortir.

David dit devant le peuple : C'est à vous, Seigneur, qu'appartient la grandeur, la puissance, la gloire et la victoire ; c'est à vous que sont dues les louanges : car tout ce qui est dans le ciel et sur la terre est à vous ; c'est à vous qu'il appartient de régner, et vous êtes élevé au-dessus de tous les princes ; les richesses et la gloire sont à vous ; c'est vous qui avez la souveraine puissance sur toutes les créatures ; la force et l'autorité sont entre vos mains; vous possédez la grandeur et le commandement sur tous les hommes.

C'est pourquoi nous vous rendons maintenant nos hommages, vous reconnaissant pour notre Dieu; et nous donnons à votre saint nom les louanges qui lui sont dues. Mais qui suis-je, moi, et qui est mon peuple, pour oser vous offrir toutes ces choses! Tout est à vous, et nous ne vous avons présenté que ce que nous avons reçu de votre main : car nous sommes comme des étrangers et des voyageurs devant vous, ainsi que l'ont été tous nos pères; nos jours passent comme l'ombre sur la terre, et nous n'y demeurons qu'un moment.

Le roi doit bannir l'orgueil: car, comme dit le roi Salomon, où sera l'orgueil, là sera aussi la confusion.

L'Ecriture - Sainte nous rapporte plusieurs exemples de rois orgueilleux qui ne voulurent pas reconnaître la puissance suprême du Très-Haut. Le roi Nabucho-

donosor fit faire une statue qui avait la
tête d'or, et il la fit adorer; mais la divine
puissance l'obligea à s'enfuir dans les fo-
rêts, sous la forme d'un animal, et à vivre
avec les animaux. L'Écriture-Sainte nous
dit qu'il fut chassé de la compagnie des
hommes; il mangea du foin comme un
bœuf, son corps fut trempé de la rosée du
ciel : en sorte que les cheveux lui crûrent
comme les plumes d'un aigle, et que ses
ongles devinrent comme les griffes des oiseaux, jusqu'au temps où, levant les yeux
au ciel, il dit : Tous les habitants de la
terre sont devant le Très-Haut comme un
néant; il fait tout ce qu'il lui plaît, soit
dans les vertus célestes, soit parmi ceux
qui sont sur la terre, et nul ne peut résister à sa main puissante ni lui dire : Pourquoi avez-vous fait ainsi?

Le roi Manassé porta le peuple d'Israël
à se révolter contre Dieu. Pour l'humilier,
le Seigneur suscita contre lui le roi des
Assyriens. Après avoir vaincu l'armée d'Is-

raël, ils prirent Manassé, lui mirent les
fers aux pieds et aux mains et l'emmenè-
rent à Babylone. Manassé, réduit à cette
grande extrémité, pria le Seigneur et
conçut un très vif repentir en la présence
de Dieu; il lui adressa ses gémissements
et ses instantes supplications, et le Seigneur exauça sa prière et le ramena à
Jérusalem dans son royaume.

Sennachérib, roi des Assyriens, vomit des
blasphèmes contre Dieu, en menaçant la
grande ville de Jérusalem; le Seigneur
envoya un Ange la nuit, qui tua cent qua-
tre-vingt-cinq mille hommes; Sennachérib se retira en son pays et demeura à
Ninive, et lorsqu'il adorait son dieu Nes-
toch dans son temple, ses deux fils Adra-
melech et Sannazar le tuèrent à coups
d'épée et s'enfuirent en Arménie.

Le savant Père Argentan rapporte qu'un
roi orgueilleux remarquant les paroles du
*magnificat deposuit potentes de sede et
exaltavit humile*, se mit en colère et com-

manda d'effacer les dites paroles en répétant qu'aucun ne pourrait lui ôter la couronne et le dépouiller de sa royauté; bientôt il eut une humiliation bien curieuse; il commanda à ses confidents de la cour de l'accompagner pour prendre des bains; pendant que sa petite cour l'attendait, un Ange prit la forme du roi, se revêtit de ses habits et lui laissant des haillons, se fit accompagner au palais royal; le véritable roi sortant des bains, fut forcé de se couvrir des haillons et ne trouvant personne, marcha furieux à son palais en vomissant des menaces. Toute la cour le regardant comme imbécile ou fou, on allait le mener à la maison des fous, lorsque l'ange qui avait la forme du roi, le prit à part, lui remit ses habits royaux et lui dit : remercie Dieu de t'avoir humilié et de te rendre la couronne, et ensuite disparut; cette leçon le corrigea.

Le roi doit avoir la connaissance de Dieu.

Le roi pourra s'instruire sur la connaissance de Dieu dans les livres de Moïse,
des autres prophètes, de Saint Paul, et par
l'exemple de plusieurs rois.

Dieu dit à Moïse de faire connaître au
roi Pharaon et aux enfants d'Israël que
c'est Dieu qui commande. Moïse répli-
qua : Mais ils me diront : Quel est son
nom? Que leur répondrai-je? Dieu dit à
Moïse : Je suis celui qui est; voici, ajou-
ta-t-il, ce que vous direz aux enfants d'Israël : Celui qui est, m'envoie vers vous.
Mais Pharaon répondit à Moïse : Je ne
connais point ce Seigneur. Il n'écouta pas
ce commandement, et le malheureux roi
attira sur son royaume et sur lui tous les
malheurs.

Le bon roi doit se pénétrer des paroles
de Dieu : Je suis celui qui est; et, comme
dit saint Paul, il est le roi immortel et in-
visible à qui est dû tout l'honneur et la

gloire, et c'est par lui que les rois règnent. Le roi Salomon dit : Ecoutez donc, ô rois ! et comprenez-le bien : recevez l'instruction, juges de la terre; prêtez l'oreille, vous qui gouvernez les peuples et qui vous glorifiez de voir sous votre domination un grand nombre de nations; considérez que vous avez reçu cette puissance du Seigneur et cette domination du Très-Haut; et Jésus-Christ à Pilate : Vous n'auriez aucune puissance sur moi, si elle ne vous eût été donnée d'en-Haut.

Joseph dit à Pharaon : Sans Dieu on ne pourra rendre au roi une réponse favorable.

Dieu dit à Moïse : Qui a fait la bouche de l'homme; qui a formé le muet et le sourd, celui qui voit et celui qui est aveugle? N'est-ce pas moi?

Le cœur du roi est dans la main du Seigneur comme une eau courante, il le fait tourner de quel côté qu'il veut.

Le roi Ochozias étant tombé malade, dit

à ses gens : Allez, consultez Beelzebut, le dieu d'Acaron, pour savoir si je pourrai me relever de cette maladie; en même temps l'ange du Seigneur parla à Elie, et lui dit : Allez au devant des gens du roi de Samarie, et dites-leur : Est-ce qu'il n'y a pas un Dieu dans Israël que vous consultez Beelzebut, le dieu d'Acaron? C'est pourquoi, voici ce que dit le Seigneur : Vous ne vous releverez point du lit où vous êtes, mais vous mourrez très-certainement.

Salomon fit au Seigneur cette prière : « Seigneur, Dieu d'Israël, il n'y a point de Dieu qui vous soit semblable, ni au plus haut du Ciel, ni sur la terre.... Lorsque votre peuple fuira devant ses ennemis parce qu'il péchera contre vous, et que, faisant pénitence et rendant gloire à votre nom, il viendra vous prier et implorer votre miséricorde, exaucez-le du ciel, et pardonnez le péché... Lorsque le Ciel sera fermé, et qu'il ne tombera point de pluie à

cause des péchés des enfants d'Israël,
qu'ils prieront et feront pénitence pour
honorer votre nom, qu'ils se convertiront,
dans l'affliction où ils seront, exaucez-les
du Ciel..... Lorsqu'il viendra sur la terre,
ou famine, ou peste..., vous les exaucerez
du Ciel, du firmament où vous demeurez...
Lorsque votre peuple ira à la guerre contre ses ennemis...., vous exaucerez du Ciel
ses oraisons.... Que si votre peuple pèche
contre vous parce qu'il n'y a point d'homme
qui ne pèche ; que, dans votre colère,
vous les livriez entre les mains de leurs
ennemis, et qu'ils soient emmenés captifs,
ou près, ou loin, dans une terre ennemie ;
s'ils font pénitence du fond du cœur dans
le lieu de leur captivité, et que, se con-
vertissant à vous, ils implorent votre miséricorde, en disant : Nous avons péché,
nous avons commis l'iniquité, nous avons
fait des actions impures ; s'ils reviennent
à vous de tout leur cœur et de toute leur
ame dans le pays de leurs ennemis, où ils

ont été emmenés captifs, et qu'ils vous prient...., vous les exaucerez, du Ciel, et vous prendrez en main la défense de leur cause. »

Sennachérib, roi des Assyriens, ayant blasphémé contre Dieu, en menaçant Jérusalem, le roi Ezéchias alla au temple et fit sa prière devant le Seigneur : « Seigneur, Dieu d'Israël, qui êtes assis sur les Chérubins, c'est vous seul qui êtes le Dieu de tous les rois du monde ; c'est vous seul qui avez fait le ciel et la terre. Sauvez-nous donc, maintenant, Seigneur, notre Dieu, des mains de ce roi, afin que tous les royaumes de la terre sachent que c'est vous seul qui êtes le Seigneur Dieu. »

Josaphat dit : Seigneur, vous êtes le Dieu du Ciel et vous dominez sur tous les royaumes des nations ; vous avez la force et la puissance dans vos mains, et nul ne peut vous résister.

Le Roi doit avoir la connaissance de Jésus-Christ.

Il ne suffit pas d'avoir la connaissance d'un Dieu créateur et conservateur, il faut avoir aussi celle d'un Dieu réparateur, qui est Jésus-Christ. Le roi pourra s'instruire en lisant les prophètes, principalement Isaïe, Jérémie, Daniel et l'Evangile.

Dieu dit à Abraham : Tous les peuples de la terre seront bénis en vous ; je bénirai Sara votre femme, et je vous donnerai un fils né d'elle que je bénirai aussi ; il sera le chef des nations, et des rois de divers peuples sortiront de lui. Sara, votre femme, vous enfantera un fils que vous nommerez Isaac, et je ferai un pacte avec lui et avec sa race après lui, afin que mon alliance avec eux soit éternelle. Un autre jour Dieu apparut encore à Abraham et lui répéta que toutes les nations de la terre seraient bénies en lui ; enfin, après que l'Ange arrêta le bras d'Abraham, qui allait sacrifier son fils Isaac, Dieu lui dit : Je bénirai et multiplierai votre race comme les étoiles du ciel et comme le sable qui est sur le rivage de la mer, et toutes les nations de la terre seront bénies dans celui qui sortira de vous. Dieu répéta la même promesse à Isaac et Jacob, et lorsque ce patriarche était au lit de la mort, bénissant ses enfants, il prédit tout ce qui devait leur arriver, et s'adressant à Juda il lui dit : Le sceptre ne sera point ôté de Juda, ni le prince de sa postérité, jusqu'à ce que celui qui doit être envoyé soit venu, et c'est lui qui sera l'attente des nations. Le prophète Isaïe dit que les étrangers viendront de Saba pour offrir de l'or et de l'encens au Seigneur, en publiant ses louanges, de concert avec ses anciens adorateurs.

Le Sauveur que je dois envoyer ne tardera plus ; j'établirai le salut dans Sion, et ma gloire dans Israël.

Le roi prophète annonçait en ces termes : Je leur parlerai en paraboles; c'est par cette voie que je révèlerai aux hommes des mystères cachés depuis l'origine du monde.

Le prophète annonce la naissance de Jésus-Christ et l'adoration des rois mages : Toutes les régions de la terre verront le Sauveur que notre Dieu nous doit envoyer. Il paraîtra aussi sans gloire devant les hommes, et sous une forme méprisable aux yeux des enfants des hommes. Il est sans beauté, sans éclat; nous l'avons vu, et il n'avait rien qui attirât l'œil, et nous l'avons méconnu. Il nous a paru un objet de mépris, le dernier des hommes, un homme de douleur, qui sait ce que c'est que souffrir. Il a pris véritablement nos langueurs sur lui et il se charge lui-même de nos douleurs. Nous l'avons considéré comme un lépreux et comme un homme frappé de Dieu et humilié, et cependant il a été percé de plaies pour nos iniquités, il a été brisé pour nos crimes; le châtiment qui devait nous procurer la paix est tombé sur lui, et nous avons été guéris par ses meurtrissures. Nous nous étions tous égarés comme des brebis errantes ; chacun s'était détourné pour suivre sa propre voie, et Dieu l'a chargé lui seul de l'iniquité de nous tous. Il a été offert parceque lui-même l'a voulu, et il n'a pas ouvert la bouche. Il sera mené à la mort comme une brebis qu'on va égorger ; il demeurera dans le silence, sans ouvrir la bouche, comme un agneau est muet devant celui qui le tond.

Le prophète annonce la Passion de Jésus-Christ ; le prophète Jérémie annonce également la Passion de Jésus-Christ ; le prophète David annonce la trahison de Judas, la flagellation et le crucifiement de Jésus-Christ, et S. Augustin remarque que la prophétie de David est comme un second évangile qui doit faire rougir les juifs.

Le roi Nabuchodonosor eut un songe,

le prophète Daniel le lui répéta et lui dit :
Voici, ô roi ! ce que vous avez vu : c'é-
tait une statue d'une grande hauteur, et
d'un regard effrayant ; sa tête était d'or, sa
poitrine et ses bras étaient d'argent, son
ventre et ses cuisses d'airain, ses pieds en
partie de fer et en partie d'argile. Pendant
que vous étiez attentif à cette vision, une
pierre s'est détachée d'elle-même d'une
montagne sans la main et sans le secours
d'aucun homme, et frappant la statue par
les pieds, elle l'a brisée et réduite en
poudre ; cette pierre est ensuite devenue
une grande montagne qui remplit toute la
terre. Ensuite Daniel expliqua le songe et
finit en disant que le Dieu du Ciel suscite-
rait un royaume qui subsisterait éternellement. On a vu vérifier les paroles du prophète Daniel ; le premier de ces royaumes
est celui des Chaldéens, le second celui des
Perses sous le règne de Cyrus, le troisième
celui des Grecs fondé par Alexandre-le-
Grand, et le quatrième est l'empire ro-

main; et la pierre détachée de la montagne sans la main d'aucun homme, qui
frappa la statue et qui devint elle-même
une si grande montagne qu'elle remplit
toute la terre, annonce le royaume de Jésus-Christ qui a dit au chef visible de ce
royaume : Tu es pierre, et sur cette pierre
je fonderai mon église contre laquelle les
puissances de l'enfer ne prévaudront pas.

Jérémie dit : Un grand bruit s'est élevé
d'en haut; on y a ouï des cris mêlés de plain-
tes et de soupirs de Rachel, qui pleure ses
enfants et qui ne peut se consoler de leur
perte.

Le Seigneur a créé sur la terre un nouveau prodige; une femme environnera
un homme. Vous êtes grand dans vos conseils, incompréhensible dans vos pensées;
vos yeux sont ouverts sur toutes les voies
des enfants d'Adam pour rendre à chacun
selon sa conduite et selon le fruit de ses
œuvres et de ses pensées.

En ce temps là, en ce jour là, je ferai

sortir de David un germe de justice et il
agira selon l'équité, et rendra la justice
sur la terre. Voici ce que dit le Seigneur :
On ne verra point la tige de David manquer d'un homme qui soit assis sur la maison d'Israël ; on ne verra point la race des
prêtres et des lévites manquer d'un homme
qui offre des holocaustes en ma présence,
qui allume le feu de mon sacrifice. Comme
on ne peut compter les étoiles ni mesurer
tout le sable de la mer, ainsi je multiplierai la race de mon serviteur David et les
lévites qui sont mes ministres ; si l'alliance
que j'ai faite avec la nuit et le jour n'est
pas ferme, et si les lois que j'ai données au
ciel et à la terre ne sont pas stables, j'a-
bandonnerai aussi la postérité de Jacob et
de mon serviteur David, et je ne prendrai
point de la tige des princes de la race d'A-
braham, d'Isaac et de Jacob... Le prophète
annonce la naissance de Jésus, le massacre
des innocents et la stabilité du sacerdoce
de Jésus-Christ.

Deux écrivains sacrés ont extrait successivement des registres publics la génération de Jésus et sa descendance de David.
L'un le fait remonter depuis Zorobabel
jusqu'à la tige de sa race par les ancêtres
paternels, et l'autre l'y conduit par les
ancêtres maternels de ce dernier prince de
Juda. L'un reprend les choses dès leur
origine, et commence par le Seigneur lui-
même, créateur d'Adam. Il passe d'Adam
jusqu'à Noé, et de Noé jusqu'à Abraham ;
il veut nous faire entendre quelle était selon la chair, la noblesse de Jésus-Christ,
qui d'aînés en aînés, ou par quelques cadets substitués aux aînés par l'ordre de
Dieu, remontait par le plus beau sang du
monde, c'est-à-dire par les rois et les patriarches, jusqu'au premier homme, et
qui à ce titre était appelé par distinction,
le fils de l'homme, ou le premier né ; ce qui
dans le langage des écritures signifiait le
chef et la caution, aussi bien que le roi et
le juge de tous les hommes. Les Juifs ne

doivent pas rougir de l'origine du Messie, que nous les invitons de reconnaître avec nous.

Genèse, v. — Luc, iii.

DIEU.
ADAM.
SETH.
ENOS.
CAÏNAN.
MALALÉEL.
JARED.
ENOCH.
MATHUSALEM.
LAMECH.
NOÉ.
DÉLUGE.
NOÉ.
SEM.
ARPHAXAD.
CAÏNAN.
SALÉ.
HEBER.
PHALEG.
RAGAU.
SARUG.
NACHOR.
THARÉ.
ABRAHAM.

En cet endroit, les deux généalogistes se rencontrent, et marchent de concert

jusqu'à David, premier roi d'Israël de la
tribu de Juda.

Ruth, IV. — Matth., I. — Luc, III.

ABRAHAM.
ISAAC.
JACOB.
JUDA.
PHAREZ.
ESRON.
ARAM.
AMINADAB.
NAHASSON.
SALMON.
BOOS.
OBED.
ISAÏ OU JESSE.
DAVID.

Aussitôt après David les écrivains sacrés
prennent des routes différentes, et se séparent en deux branches. L'un conduit la
descendance de David par Salomon, à qui
le droit de premier né et les prérogatives
des promesses avaient été attribuées, avec
la couronne. L'autre au contraire s'attache
à la branche de Nathan, lequel, quoique
l'aîné de Salomon par l'ordre de la nais-

1.

sance, n'avait pas de droits à l'héritage
et avait formé en Juda une maison fort
différente de celle qu'on nommait par distinction, la maison et la famille de David.

Un des généalogistes descend de Salomon, toujours par les aînés, jusqu'à Salathiel fils de Jonathan ou de Jechonias.
L'autre descend de Nathan, aussi par les
aînés de ce prince jusqu'au même Salathiel,
qu'il dit être le fils de Neri, et tous deux
se retrouvent à Zorobabel qui selon l'un
et l'autre est le fils de Salathiel.

Matth., I. — Luc, III.

DAVID.

SALOMON.	NATHAN.
	MATHATHIAS.
ROBOAM.	MENNAS.
	MELFAS.
ABIAS.	ELIAKIM.
AZA.	JONAS.
	JOSEPH.
JOSAPHAT.	JUDAS.
JORAM.	SIMÉON.
OCHOSIAS.	LÉVI.
JOAS.	MATHAT.
AMASIAS.	JORIM.
OSIAS.	ELIEZER.
JOATHAN.	JESUS.
ACHAZ.	HER.
EZECHIAS.	ELMADAN.
MANASSEZ.	COZAN.
AMON.	ABDI.
JOSIAS.	MELCHI.
JECHONIAS.	NERI.
SALATHIEL.	SALATHIEL.

ZOROBABEL.

La seule inspection de ces deux généalogies fait naître une difficulté à laquelle il est juste de satisfaire en peu de mots, de peur qu'on ne se trouve arrêté en voyant d'un côté Salathiel, nommé fils de Jechonias, et de l'autre le même Salathiel appelé fils de Neri, car on ne peut douter que ce ne soit le même Salathiel, puisque les deux auteurs le font père de Zorobabel.

Pour éclaircir cette obscurité, il faut faire attention que les deux généalogistes ont deux objets différents. L'un a en vue de faire connaître la ligne paternelle de Zorobabel en remontant jusqu'à Salomon : et cette descendance une fois établie par le premier, l'autre se propose de faire remonter le même Zorobabel par sa mère, fille de Neri, jusqu'à Nathan, fils de David comme Salomon ; et les deux généalogies prises ensemble assurent à Zorobabel la plus illustre origine que pût avoir un fils de Juda.

La fille de Neri était unique. Elle descendait d'aînés en aînés d'un fils de David. Elle porta à son mari Salathiel tous les biens de son père, et elle transmit à son fils Zorobabel toute la noblesse de Nathan, tandis que Salathiel communiquait à ce même enfant le sang et les droits de Salomon. Il était important de le faire remarquer. Mais comme les femmes n'entraient point dans les généalogies des Hébreux, on substitue l'époux à l'épouse, et sous le nom de Salathiel, on fait connaître les pères de sa femme, fille de Neri, dont il eut Zorobabel. C'est ainsi que Salathiel père de Zorobabel est appelé en même temps fils de Jéchonias et fils de Neri. Il était fils de Jéchonias par la génération et fils de Neri par l'alliance. Et c'est ce que font entendre les diverses expressions des deux évangélistes et la propriété de leur langage. Salathiel était le vrai fils de Jéchonias, et seulement gendre de Neri. Mais comme le gendre en épousant une fille unique, exerçait, quant aux titres et aux biens, tous les droits de fils et d'héritier, il en portait aussi le nom dans la généalogie du père de sa femme; et cela sans confusion; parce que sa descendance naturelle était d'ailleurs suffisamment assurée par les titres de sa famille.

Zorobabel né du mariage de Salathiel, héritier de Salomon, avec la fille unique de Neri, héritière de Nathan, est le point fixe où les deux généalogistes se réunissent depuis David, et d'où ils se séparent aussitôt pour ne se rejoindre que dans Joseph, époux de Marie, mère de Jésus.

Matth., I. — Luc, III.

ZOROBABEL.

ABIUD.	REZAS
	JOANNAS.
ELIACIM.	JUDAS.
	JOSEPH.
AZOR.	SEMEÏ.
	MATHATHIAS.
SADOC.	MAHAL.
	NAGGEZ.
ACHIM.	HELI.
	NAHUM.
ELIUD.	AMOS.
	MATHATHIAS.
ÉLÉAZAR.	JOSEPH.
	JANNES.
MATHAN.	MELCHI.
	LÉVI.
JACOB.	MATHAT.
	HELI.
JOSEPH.	JOSEPH.

On aperçoit ici du premier coup d'œil la même difficulté que dans la partie précédente des deux généalogies : mais on ne doit plus en être embarrassé ; parce que la même explication s'y présente d'une manière encore plus naturelle et plus indispensable,

Joseph ne peut être rigoureusement fils de Jacob et fils d'Heli. Il est, comme nous l'avons dit de Salathiel, fils de Jacob, dont il a reçu le sang de Zorobabel, de Salomon et de David ; et gendre d'Heli, dont il a épousé la fille unique nommée Marie, qui en remontant par ses pères jusqu'à Rézas, descend aussi de Zorobabel, et est, comme Joseph son époux, fille de Salomon et de David. Joseph dans une des généalogies est à sa place, sous Jacob son père. Dans l'autre il est à la place de Marie son épouse et fille unique, sous Heli père de son épouse et son beau-père. Une des généalogies est celle de Joseph ; l'autre sous le nom de Joseph, est celle de Marie. Les deux ensemble

nous montrent réunis dans les deux époux
le sang et les droits de la maison royale de
Juda.

C'est là précisément où a voulu nous
conduire le généalogiste de Marie. Comme
il n'entreprenait son ouvrage que pour
faire connaître Jésus; comme il voyait d'ailleurs les droits de Jésus au trône suffisamment assurés par la généalogie de Joseph
dont Jésus était réputé le fils, et dont en
conséquence du mariage public de Joseph
avec la Vierge qui était sa mère, il deve-
nait le seul et légitime héritier, quant aux
biens et aux prétentions; comme enfin il
déclare lui-même que Jésus était seulement
réputé, et n'était pas le fils de Joseph, il
n'avait garde de continuer sa généalogie
sous le nom de Joseph, dont il n'ignorait
pas les vrais ancêtres depuis Jacob jusqu'à
Salomon et à David, si sous le nom de Joseph gendre d'Héli, on n'eût pas dû entendre, selon l'usage, la fille unique d'Héli,
dont Joseph était l'époux. On voit par-là

que cette interprétation est ici d'autant plus recevable, qu'outre les raisons que nous avons apportées en parlant de Sala-thiel appelé fils de Jéchonias et fils de Neri, il s'en rencontre de particulières en cet endroit, où Joseph est nommé fils de Jacob et fils d'Heli.

Il n'était pas nécessaire pour assurer au Messie le droit légitime au trône de David son père, que Zorobabel fût fils de la fille unique de Neri, et que du côté maternel, ce prince descendît de David par Nathan : mais il fallait que le Messie qui ne devait point avoir un homme pour père, reçût au moins de sa mère le sang de David; il fallait même, afin qu'il fût selon la pro-messe, *le fils de David* par excellence, et l'héritier de son trône comme de son sang, que la Vierge, qui serait sa mère, fille de Salomon et de David, épousât l'héritier de la branche royale. C'était une nécessité que Joseph fût fils aîné de Jacob, et Marie fille unique d'Heli; que Joseph rassemblât en lui seul tous les droits de la branche aînée de Zorobabel par Abiud ; et que Marie eût reçu le sang de David, de Salomon et de Zorobabel, par Rezas ; que Joseph ne devant transmettre à Jésus que ses droits et non son sang, Marie son épouse transmit à son fils unique, et au fils unique de Dieu, le plus pur sang de David.

Or tous ces points essentiels se trouvent exactement vérifiés dans l'explication de la généalogie de la Vierge que nous venons de développer. C'est même la seule, où ils nous paraissent se vérifier à la lettre, et par où nous connaissons sensiblement l'admirable providence de Dieu sur la naissance de son fils : C'est donc celle que nous devions adopter, et la seule dont nous ayons cru pouvoir nous contenter.

Un tableau abrégé des deux généalogies, par les têtes principales, mettra sous les yeux ce qu'il est important d'en retenir.

DIEU.
ADAM.
NOÉ.
SEM.
ABRAHAM.
ISAAC.
JACOB.
JUDA.
DAVID.

SALOMON.	NATHAN.
JECHONIAS.	NERI.
. . . . . .	N., fille unique de NÉRI,
épouse de SALATHIEL.	SALATHIEL.

ZOROBABEL.

ABIUD.	REZAS.
JACOB.	HELI.
JOSEPH.	MARIE, fille unique d'HÉLI,
	épouse de JOSEPH
et mère de	JÉSUS, le fils de DIEU, le fils
	et l'héritier de DAVID.

*Le roi doit connaître la véritable Religion,
l'observer et la faire pratiquer
au peuple.*

Le roi Salomon dit : Le commandement
est une lampe, la loi est une lumière.

Mon fils, gardez mes paroles et faites-vous, dans votre cœur, un trésor de mes préceptes; observez, mon fils, mes commandements, et vous vivrez; gardez ma loi comme la prunelle de votre œil; tenez-la liée à vos doigts et écrivez-la sur les tables de votre cœur.

Dieu commanda à Moïse de dire au peuple : Vous ne pourrez prendre pour roi un homme d'une autre nation..... et après qu'il sera assis sur le trône, il fera transcrire pour soi les lois du Seigneur, dont il recevra une copie des mains des prêtres; il l'aura avec soi et il la lira tous les jours de sa vie, pour apprendre à craindre le Seigneur son Dieu et à garder ses paroles et ses cérémonies, qui sont prescrites dans la loi; que son cœur ne s'élève point d'orgueil, et qu'il ne se détourne ni à droite ni à gauche, afin qu'il règne longtemps, lui et ses fils.

Dieu dit à Salomon : Si vous marchez dans mes voies, et que vous gardiez mes

préceptes et mes ordonnances comme votre père les a gardés, je vous donnerai encore une longue vie. Après les guerres,
Salomon dit : Le Seigneur, mon Dieu, m'a
donné la paix de tous côtés; je n'ai plus
ni d'ennemis, ni rien à combattre, c'est
pourquoi j'ai dessein de bâtir un temple au
nom du Seigneur, mon Dieu, et, lorsqu'il
acheva de faire le temple et le couvrit d'or,
Dieu lui parla et lui dit : Si vous marchez
dans mes préceptes, si vous exécutez mes
ordonnances et que vous gardiez tous mes
commandements, sans vous en détourner
d'un pas, je vérifierai en votre personne la
parole que j'ai dite à David, votre père,
j'habiterai au milieu des enfants d'Israël,
et je n'abandonnerai pas mon peuple d'Israël.

Prenez garde de ne jamais faire amitié
avec les habitants de ce pays (idolâtre),
cela causerait votre ruine; le Seigneur
s'appelle le Dieu jaloux; Dieu veut être
aimé uniquement. Rappelons ici les paro-

les de l'Ecclésiaste : Pour moi j'observe la bouche du roi et les préceptes que Dieu a donnés avec serment.

Le roi doit considérer les paroles du roi Salomon, lorsqu'il dit que c'est par Dieu que les rois règnent; le roi est le ministre de Dieu pour faire exécuter ses ordres par le peuple, et comme dit l'apôtre saint Paul, ils doivent veiller au salut des ames du peuple; c'est ainsi que Dieu donna à Moïse sa divine loi en le chargeant de la faire connaitre au peuple, et de punir ceux qui ne voudraient pas l'observer.

On trouva un homme qui ramassait du bois le jour du sabbat, et l'ayant présenté à Moïse, on le mit en prison, ne sachant pas ce qu'on devait en faire; alors le Seigneur dit à Moïse : Que cet homme soit puni de mort et que tout le peuple le lapide; et il mourut selon que le Seigneur l'avait commandé.

Le pontife Helcias trouva le livre de la loi du Seigneur, donné par Moïse, et on le

porta au roi Josias qui lut toutes les paroles de ce livre, et, se tenant debout dans
son tribunal, il fit alliance avec le Seigneur
pour garder ses préceptes, ses ordonnances et ses cérémonies, et il fit promettre a-
vec serment la même chose au peuple ;
ainsi Josias bannit toutes sortes d'abomi-
nations de la terre de Juda; il obligea
tous ceux qui restaient encore dans Israël
de servir le Seigneur, et, tant qu'il vécut,
ils ne se séparèrent point du Seigneur, le
Dieu de leurs pères ; il établit les prêtres
dans leur fonction, et tout le culte du Seigneur fut exactement accompli. Ajoutons
ici : Le roi sage dissipe les méchants et il
les fait passer sous l'arc du triomphe.

Le roi doit faire fleurir la religion de
J.-C. dans son royaume, et c'est en rendant
le peuple vertueux qu'il pourra affermir
son trône. C'est bien ici que l'on doit répéter les paroles du roi Salomon, qui dit :
C'est à cause des péchés du peuple que
plusieurs princes se succèdent rapidement;

mais lorsqu'il y aura des gens sages et instruits, le prince vivra plus longtemps. Le roi doit se rappeler les paroles de l'Ecclésiastique : Les enfants de la sagesse forment l'assemblée des justes, et le peuple qu'ils composent n'est qu'obéissance et amour.

Le roi Asa dit au peuple : Si quelqu'un ne cherche pas le Seigneur, le Dieu d'Israël, qu'il soit puni de mort, grands ou petits, hommes ou femmes, sans exception ; le peuple jura de chercher Dieu de tout son cœur, et le Seigneur leur donna le repos et la paix.

Le roi des Assyriens fit venir des habitants de Babylone, de Cutha, d'Avah, d'Emath, de Serphrosin, et les établit dans la ville de Samarie, et, comme ils ne craignaient point le Seigneur, le Seigneur envoya contre eux des lions qui les tuaient ; on en porta la nouvelle au roi des Assyriens, et on lui fit dire : Les peuples que vous avez transférés en Samarie et auxquels vous avez commandé de demeurer

dans ces villes, ignorent la manière dont
Dieu veut être adoré ; et ce Dieu a envoyé
contre eux des lions qui les tuent parce
qu'ils ne savent pas la manière dont Dieu
veut être adoré ; alors le roi des Assyriens
donna ordre de faire venir un prêtre, et il
leur apprenait la manière dont ils devaient
honorer le Seigneur.

Ce fait rappelle au roi qu'il faut empêcher de semer de mauvaises doctrines
parmi le peuple ; Sadoc et Baïtus, maté-
rialistes, corrompirent la morale des Juifs ;
cela attira la malédiction de Dieu et occasionna les guerres parmi cette grande nation, si belle autrefois ; trois philosophes
grecs, l'académicien Casnade, le stoïcien
Diogène et le péripatéticien Cristolaus se-
mèrent une effroyable corruption parmi
les Romains, et avec elle les guerres ci-
viles ; rappelons ici la doctrine de l'Ecclésiaste : La terre est troublée par un esclave
lorsqu'il règne. N'employez point vos richesses pour perdre les rois ; ouvrez vo-

tre bouche, ordonnez ce qui est juste et rendez justice au pauvre et à l'indigent.

Le Seigneur apparut à Salomon, et lui dit : Si vous faites ce que je vous ai commandé, et que vous gardiez mes lois et mes ordonnances, j'établirai votre trône, et vous règnerez, vous aurez toujours de votre race des successeurs qui seront assis sur le trône; mais si vous cessez de garder mes préceptes et les cérémonies que je vous ai prescrites, je rejetterai loin ce peuple, et il deviendra la fable et l'objet des railleries de tous les peuples. Mais Salomon était déjà vieux lorsque les femmes lui corrompirent le cœur ; et le Seigneur se mit en colère contre Salomon, et lui dit : Puisque vous vous comportez ainsi, et que vous n'avez point gardé mon alliance, ni mes commandements, je déchirerai et diviserai votre royaume, et je le donnerai à l'un de vos serviteurs, ce qui se vérifia.

Le roi Joram engagea le peuple à la prévarication de la loi de Dieu, et Dieu le

menaça par le prophète Elie, et lui dit :
Le Seigneur s'en va vous frapper d'une
grande plaie, vous et votre peuple, vos
enfants, vos femmes et tout ce qui vous
appartient ; vous serez frappé, dans le ventre, d'une maladie très maligne qui vous
fera jeter tous les jours, peu à peu, vos entrailles ; en effet, une armée ennemie entra, ravagea tout dans le palais du roi, et
enmena ses fils et ses femmes ; et, par dessus tout cela, Dieu le frappa d'une maladie
incurable dans les entrailles ; ainsi, les
jours et les temps se succédant les uns et
les autres, deux ans se passèrent ; de sorte
qu'étant consommé et pourri par la lan-
gueur de ce mal (il jetait même ses entrailles), il ne trouva la fin de ses maux que
dans celle de la vie, et le peuple ne lui rendit point, dans sa sépulture, les honneurs
qu'on avait rendus à ses ancêtres, ne brû-
lant pas pour lui les parfums selon la cou-
tume.

Le roi Amon, fils du roi Manassé, ne

respecta ni le Seigneur ni sa loi ; mais il commit des crimes, et ses serviteurs conspirèrent contre lui et le tuèrent dans sa maison. Rappelons ici les paroles de l E-criture-Sainte : Un enfant pauvre, mais qui est sage, vaut mieux qu'un roi vieux et insensé qui ne saurait rien prévoir pour l'avenir : car, quelquefois, tel est dans la prison et dans les chaînes qui en sort pour être roi, et tel est né roi qui tombe dans une extrême pauvreté.

Le roi doit graver dans son cœur ces paroles de l'Esprit-Saint :

Si donc vous avez de la complaisance pour les trônes et les sceptres, ô roi des peuples, aimez la sagesse afin que vous régniez éternellement.

Le roi doit adorer Dieu principalement dans son saint temple et honorer les prêtres.

L'Evangéliste saint Jean nous dit dans son Apocalypse, qu'il vit un trône dressé

dans le Ciel et le Seigneur assis sur le trône; il y avait autour du trône un arc-en-
ciel; autour de ce même trône, il y avait
quatre-vingt vieillards ayant sur leur tête
des couronnes d'or, et se prosternant devant celui qui est assis sur le trône; ils
adoraient, ils mettaient leurs couronnes
au pied du trône, en disant : vous êtes di-
gne, Seigneur notre Dieu, de recevoir
gloire, honneur et puissance; parce que
vous avez créé toutes choses, et que c'est
par votre volonté qu'elles subsistent et
qu'elles ont été créées.

Les rois doivent imiter ces vieillards, et
adorer Dieu, principalement dans son
saint temple; c'est ainsi que Dieu commanda à Moïse de former l'arche de l'alliance,
enrichie et embellie dedans et dehors; et
c'est dans ce sanctuaire, qu'il voulait principalement être adoré et prié; il commanda
à Salomon de bâtir un temple également
pour l'adorer et le prier.

Voici ce que dit Cyrus, roi des Perses :

Le Seigneur, Dieu du Ciel, m'a mis tous les royaumes de la terre entre les mains et il m'a aussi commandé de lui bâtir une maison dans Jérusalem.

Le temple de Jérusalem fut rebâti par Hérodes, il l'enrichit jusqu'au toit, car il l'avait couvert de pointes d'or pour empêcher les oiseaux de s'arrêter ; les idolâtres ont bâti de riches temples pour adorer et prier leurs fausses divinités, seulement les idoles d'or du temple de Bellus, valaient cinq cent millions ; les Romains transportèrent à Rome les idoles de plusieurs nations ; on en comptait quatre cents, et on les plaça dans le temple dit la Rotonde.

Le grand Constantin étant malade, les médecins lui ordonnèrent un bain de sang d'enfants ; il allait commander de le lui préparer, lorsque saint Pierre et saint Paul lui apparurent, en lui commandant de renoncer à ce bain horrible, de faire venir le prêtre Sylvestre, qui était caché dans le mont Sorac, de se faire baptiser par lui, et qu'il serait guéri de sa lèpre ; l'empereur obéit ; il fut guéri ; alors il fit bâtir à Rome des temples à J.-C., et il donna pleine liberté aux chrétiens d'en bâtir. Depuis lors, tous les bons rois catholiques ont soutenu la religion par des dons et des concessions à bâtir des temples au vrai culte.

Et comme les prêtres seuls ont le pouvoir du ciel, pour offrir des sacrifices dans le temple, les rois doivent les honorer.

Dieu commanda à Moïse de faire pour le prêtre Aaron des habits pleins de richesses : une lame d'or fait le tour de sa tiare, douze pierres précieuses couvrent sa poitrine, un rang de sonnettes d'or orne les bords de ses habits. Dieu dit à Moïse : Lorsqu'il faudra entreprendre quelque chose, le grand-prêtre consultera le Seigneur, et, selon la réponse du grand-prêtre, Josué fera toute chose, et avec lui tout le peuple ; et il commanda qu'on eût recours aux prêtres pour obtenir pardon et miséricorde de Dieu. Vous ne maudirez point le prêtre de votre peuple.

Le roi David dit à Bethsabée : Faites venir le grand-prêtre Sadoc et le prophète Nathan ; ils sacreront Salomon pour être roi d'Israël. En effet, on mena Salomon à la fontaine de Géhon, et Sadoc, prêtre, prit du tabernacle un vase plein d'huile et sacra Salomon, et tout le peuple donna des marques de réjouissance.

Le roi Ezéchias établit des compagnies de prêtres pour les sacrifices de paix, afin qu'ils pussent servir dans leur ministère ; et le roi, pour sa part, voulut que l'on prît sur son domaine de quoi offrir l'holocauste du matin et du soir, comme aussi pour celui du jour du sabbat, les premiers jours des mois et des autres solennités ; il commanda aussi au peuple de donner aux prêtres et aux lévites la part qui leur était due, afin qu'ils pussent se donner tout entiers à la loi de Dieu ; ce qu'étant venu aux oreilles du peuple, les enfants d'Israël leur offrirent plusieurs prémices, du blé, du vin, de l'huile et du miel, et leur donnèrent encore la dîme de tout ce que porte la terre.

Dieu donna l'abondance au peuple, de manière que le grand-prêtre dit au roi que Dieu avait béni le peuple fidèle.

Disons ici avec le Saint-Esprit : Quand les justes multiplieront, le monde sera dans la joie ; et quand les méchants prendront le gouvernement, le peuple gémira ; le roi juste fait fleurir son état.

Salomon fit tuer son frère Adonias, le général Joab, mais il respecta Abiathar, grand-prêtre qui avait conspiré pour faire nommer roi Adonias à la place de Salomon, et Salomon lui dit : Vous méritez la mort, mais je ne vous ferai pas mourir, parce que vous avez porté l'arche du Seigneur. Allez à Aratot, dans la terre qui vous appartient, ville sacerdotale de Benjamin.

Le roi Jéroboam, détournant le peuple de servir Dieu, osa monter sur l'autel pour

faire les fonctions de prêtre, mais en même
temps un prophète lui annonça de la part
de Dieu des punitions; le roi, ayant entendu ces paroles que l'homme de Dieu
avait prononcées, étendit sa main de dessus
l'autel, et dit : Qu'on l'arrête; et en même
temps la main qu'il avait étendue contre le
prophète se sécha et il ne put plus la retirer
à lui; l'autel se rompit en deux; alors le roi
dit à l'homme de Dieu : Offrez vos prières
au Seigneur et priez pour moi, afin qu'il
me rende l'usage de ma main. L'homme de
Dieu pria le Seigneur, et le roi retira sa
main à lui comme elle était auparavant.

Le roi Ozias entra dans le temple du Seigneur, il voulut y offrir de l'encens sur l'autel ; le pontife Azarias entra aussitôt après
lui, accompagné de quatre-vingt prêtres,
tous gens d'une grande fermeté ; ils s'op-
posèrent au roi et lui dirent: il ne vous
appartient pas, sire, d'offrir de l'encens
devant le Seigneur; mais c'est aux prêtres
qui ont été consacrés pour ce ministère ;

sortez du sanctuaire et ne méprisez pas notre conseil. Ozias, transporté de colère et tenant toujours l'encensoir à la main, menaça les prêtres; dans ce moment, il fut frappé de lèpre; elle parut sur son front en présence des prêtres qui le chassèrent, et lui-même, saisi de frayeur, se hâta de sortir; mais il ne guérit pas de sa lèpre.

Ajoutons ici les paroles de l'Ecriture-Sainte : Ne dites pas devant l'ange il n'y a point de providence, de peur que Dieu, étant irrité contre vos paroles, ne détruise tous les ouvrages de vos mains.

Par ces faits, nous voyons que Dieu exige du roi un grand respect pour les prêtres, et tous les bons rois l'ont pratiqué; nous voyons le grand Constantin, assistant lui-même au concile de Constantinople pour protéger le pape Léon II et la religion; le roi ne doit pas oublier qu'il lui est nécessaire de s'humilier devant un prêtre pour lui demander sa bénédiction et l'absolution des fautes qu'il a commises en la présence de Dieu ; et quand le roi donnera au prêtre tout son or, il sera infiniment loin de la valeur de l'objet infini que le prêtre lui donne, en faisant passer Jésus-Christ, par la communion, jusqu'au fond du cœur du roi ; quel prodige !

Le roi doit surveiller l'armée et la maintenir toujours dans la religion.

Le roi doit savoir que c'est Dieu qui donne la victoire ; l'Ecriture-Sainte en est remplie d'exemples. Lorsque les enfants d'Israël devaient marcher contre leurs ennemis, la nue du Seigneur les couvrait durant le jour ; lorsqu'ils marchaient et lorsqu'on élevait l'arche, Moïse disait : Seigneur, que vos ennemis soient dissipés, et que ceux qui vous haïssent fuient devant votre face.

Le peuple se laissa aller au murmure contre le Seigneur ; le Seigneur, l'ayant

entendu, entra en colère, et une flamme
du Seigneur s'étant allumée contre eux
dévora l'extrémité du camp; alors le peuple ayant adressé ses cris à Moïse, pria le
Seigneur, et le feu s'éteignit.

L'an trente-six de son règne, se voyant attaqué par le roi Baasa, Asa secou-
rut le roi Benadat, et le prophète Ana-
nie vint trouver le roi Asa et lui dit : Parce que vous avez mis votre confiance dans
le roi de Syrie, et non pas dans le Seigneur
votre Dieu, car les yeux du Seigneur sont
ouverts sur toute la terre et ils inspirent
de la force à ceux qui se confient en lui
d'un cœur parfait; vous avez donc agi fol-
lement; et, pour cela même, il va s'allumer
des guerres contre vous. Josaphat dit au
roi Achab : N'y a-t-il point ici quelque prophète du Seigneur, afin que nous le con-
sultions pour connaître la volonté du Seigneur; le prophète Jéhu vint au devant
du roi Josaphat, et lui dit : Vous donnez
des secours à un impie, et vous faites al-

liance avec ce sujet de la colère de Dieu.

Le général Holopherne marcha avec une puissante armée contre les enfants d'Israël; mais Achior lui dit : Seigneur, informez-vous si ce peuple a commis quelque faut. contre son Dieu. Si cela est, allons les attaquer, parce que leur Dieu vous les livrera, et ils seront assujétis à votre puissance; mais si ce peuple n'a point offensé son Dieu, nous ne pourrons résister, parce que leur Dieu prendra leur défense, et nous deviendrons l'opprobre de toute la terre.

Holopherne, transporté de colère, dit à Achior : Parce que vous avez fait le prophète en nous disant que le Dieu d'Israël sera le défenseur de son peuple, et pour vous faire voir qu'il n'y a point de Dieu que Nabuchodonosor, lorsque nous les aurons tous tués comme un seul homme, vous tomberez vous-même sous le fer des Assyriens, et tout le peuple d'Israël périra avec vous..... Alors Holopherne commanda à ses gens de prendre Achior; ils le lièrent à un arbre par les pieds et par les mains, et l'ayant ainsi attaché avec des cordes, ils le laissèrent là et retournèrent vers leur maître. Or, les Israélites étant descendus de Béthulie, vinrent au lieu où il était; ils le délièrent et le conduisirent dans la ville, et l'ayant amené au milieu du peuple, ils lui demandèrent pourquoi les Assyriens l'avaient ainsi lié. Achior raconta tout ce qu'il avait répondu à Holopherne. Alors tous se prosternèrent le visage contre terre, en adorant le Seigneur, et mêlant ensemble leurs cris et leurs pleurs, ils offrirent conjointement et d'un même cœur leur prière à Dieu, et Judith, animée de l'esprit de Dieu, coupa la tête au général Holopherne et sauva Israël.

Le roi d'Israël Joram, le roi de Juda Josaphat, et le roi d'Edom, marchant en bataille contre Mésa, roi de Moab, se trouvèrent en grand danger; mais le roi Josasaphat dit : N'y a-t-il point ici de prophète du Seigneur pour implorer par lui la miséricorde du Seigneur ! Et les trois rois allèrent trouver Elie, qui pria pour eux, et Dieu leur accorda la victoire contre le roi Mésa. Josaphat envoya les Prêtres et les Lévites instruire les peuples; ils portaient avec eux le livre de la loi du Seigneur, et ils allèrent dans toutes les villes et y enseignèrent le peuple.

Le roi Amosias prit à sa solde cent mille hommes forts et robustes du royaume d'Israël; alors un prophète vint le trouver et lui dit : O roi, ne souffrez pas que l'armée d'Israël marche avec vous : car Dieu n'est pas avec Israël.

Voici un fait bien remarquable : Les Philistins s'assemblèrent pour faire la guerre, et le peuple d'Israël se mit en campagne pour aller combattre les Philistins. Pendant le combat les Israélites s'enfuirent, et les Philistins en tuèrent environ quatre mille. Lorsque le peuple fut

revenu dans le camp, les plus anciens
dirent : Pourquoi le Seigneur nous a-t-il
frappés aujourd'hui de cette plaie devant
les Philistins? Amenons ici, de Silo, l'Arche de l'alliance du Seigneur, et qu'elle
vienne au milieu de nous afin de nous
sauver de la main de nos ennemis. Le
peuple ayant donc envoyé à Silo, on en
fit venir l'Arche de l'alliance du Seigneur
des armées assis sur les Chérubins. Lorsque l'Arche de l'alliance du Seigneur fut
venue dans le camp, tout le peuple d'Israël jeta un grand cri, dont la terre reten-
tit au loin. Les Philistins donnèrent donc
la bataille, et Israël fut défait : tous s'enfuirent. La défaite fut si grande du côté
des Israélites, qu'il demeura trente mille
hommes de pied sur la place, et l'Arche
du Seigneur fut prise, parce que les enfants d'Israël s'étaient rendus indignes de
sa protection, vérifiant ainsi ce que Dieu
leur avait dit par Moïse, que s'ils aban-
donnaient les commandements de Dieu,

Dieu les abandonnerait. Cet événement fait bien voir qu'il ne suffit pas d'invoquer Dieu et de porter l'image de la très sainte Vierge Marie, mais que le principal est d'observer les commandements de Dieu et de l'Eglise.

L'histoire de la guerre des Machabées est remplie de pareils exemples. Lysias, général du jeune Antiochus, attaqua les Machabées avec cent vingt mille hommes et deux mille cinq cents chevaux, et Judas Machabée avait seulement six mille hommes ; mais plein de religion et de zèle, il tua trente mille hommes et fit prisonnier Timothée ; Judas n'avait pas perdu un seul homme. Nicanor perdit quarante mille hommes et sept mille chevaux, et se sauva déguisé, disant à son entrée dans Antioche, que les Juifs avaient Dieu pour protecteur, qu'ils étaient invincibles parce qu'ils gardaient les lois.

Gardez les lois que je vous ai proposées, disait Moïse aux israélites ; elles seront la

preuve de votre sagesse et de votre intelligence aux yeux de toutes les nations. Les
Machabées disent : Ne vaut-il pas mieux
mourir les armes à la main, que de voir
les maux qui accablent notre patrie et la
désolation de nos saints lieux ; voilà de
bons soldats. Le méchant prophète Balaam
conseilla au roi Barac d'introduire des
mauvaises filles dans l'armée d'Israël pour
corrompre les soldats ; en effet, les soldats
et même leurs chefs se livrèrent au crime ;
alors Dieu, irrité de leurs débordements,
fit périr 24,000 hommes. Je le répète, le
roi doit surveiller l'armée et la préserver
de la corruption, pour obtenir le succès
des victoires ; seulement, pour un péché
grave que commit un soldat de l'armée de
Josué, en faisant un vol défendu par la
loi, Dieu en fut irrité et abandonna l'armée de Josué ; que résultera-t-il, lorsque
le général et la majorité des soldats sont
vicieux ?

Voyons rapidement la punition de Dieu sur plusieurs rois, et en même temps les prophéties accomplies.

Nabuchodonosor, affecté de lycantropie, s'imaginant être un bœuf et agissant comme s'il l'était réellement, fut saisi et lié; mais ayant rompu ses liens il disparut, comme dit Megastène, pour vivre avec les bêtes, broutant l'herbe pendant sept ans. Evol-Merodac, son fils, remplaça son père; il se plongea dans la débauche, et après avoir régné environ deux ans, il fut assassiné dans une sédition excitée par Nerighior, son beau-frère, qui lui succéda, et qui mourut sur le champ de bataille. Laborosoarchod, jeune prince furieux et cruel, succéda à Nerighior; il mourut assassiné, et Balthazar lui succéda.

Balthazar se plongea aussi dans la débauche sans suivre les conseils de sa mère Nitrocis; dans un repas qu'il donna, il fit apporter les vases du temple de Jérusalem, et lui et ses convives s'en servirent sacrilègement, insultant le Dieu Eternel; mais en même temps, parut une main qui écrivit sur le mur de la salle, vis-à-vis de Balthazar ces trois mots, *mane thecel phares*; Cyrus entra la même nuit avec son armée, et Balthazar fut tué sur le champ.

Le prophète Isaïe avait prédit la naissance de Cyrus plus de deux siècles avant.

Cyrus, par la mort de Cambyse son père, de Cyarare (ou de Darius le mède) son oncle, rassemblait sur sa tête les couronnes de Perse, de Médie et de Babylone. Cyrus est un des beaux modèles que les rois doivent imiter; ce grand roi se servit de son autorité pour le service de Dieu; c'est dans les écritures, uniquement dans l'Ecriture-Sainte, que les rois doivent s'instruire s'ils veulent régner avec justice; c'est-à-dire avec bonheur et gloire. Cyrus donna la liberté aux Juifs de rebâtir le temple de Jérusalem, et selon le savant

2.

abbé James, il mourut tranquillement en Perse après une vie toujours prospère; son successeur Cambyse ne suivit pas l'exemple de Cyrus et il mourut humilié.

Un mage nommé Smerdis lui succède en se faisant passer pour Darius, frère de Cambyse; mais son usurpation est punie, et il est tué avec ceux qui le défendaient. Darius lui succède; il protége la réparation du temple de Salomon, et Dieu lui accorde victoire et vie heureuse, et nomme successeur à la couronne son fils Xerxès; celui-ci, rempli d'orgueil, n'écouta pas les avis de son oncle Artaban; il fut défait par Thémistocle à Salamine, et cherchant à oublier ses revers, se livra aux plaisirs de toutes sortes. Artaban, capitaine de ses gardes, pénètre dans la chambre de Xerxès, le tue et va dénoncer comme coupable de cet attentat, Darius, fils de sa victime. Artaxerxès-Longuemain ou Assuérus, qui régna à sa place, rendit justice aux Juifs par la médiation de la reine

Esther, et régna quarante-un ans. Son fils Xerxès II régna à sa place; mais Segdien l'assassina un jour de fête, comme il était pris de vin. Segdien s'étant emparé du trône, voulut encore s'y affermir par un autre parricide; mais Occhus, sur qui tombaient ses mauvais desseins, s'étant mis en garde, intéressa pour sa défense les grands et les gouverneurs des provinces, qui mirent la couronne sur sa tête et le proclamèrent roi, et Segdien fut condamné à être étouffé dans la cendre. Occhus changea son nom en celui de Darius, et depuis on y ajouta celui de Nothur; il fit étouffer son frère Artyphius par le conseil de sa femme Parysatis; ces crimes causèrent la chute de l'empire Perse. Son fils Arsace lui succéda sous le nom d'Artaxerxès, auquel il ajouta le nom de Moemon, à cause de son excellente mémoire; ce furent les prêtres de Bellonne qui le sacrèrent, suivant l'usage, dans le temple de Paragarde: il tua son frère Cyrus dans un combat; il eut la bassesse de faire couper la tête et la main droite à son cadavre. La mère d'Artaxerxès, nommée Parysatis, et sa belle-fille Statisa, entretenaient le trouble, par leur division, à la cour d'Artaxerxès; la première, à qui le crime ne coûtait rien, trouva moyen de se défaire de l'autre par le poison ; Dieu permit que son fils Darius formât une conspiration pour tuer son père. Artaxerxès eut la douleur de voir un de ses fils se suicider, et l'autre fut assassiné et il ne put survivre, frappé de ce double événement.

Occhus, meurtrier de ses deux frères, tint cachée la mort de son père pendant dix mois, et après il se fit proclamer roi ; mais la Syrie, l'Egypte, la Phénicie et toute l'Asie mineure, se révoltèrent contre lui.

Occhus donna un libre cours à la férocité de son caractère; pour couper la source des révoltes, il fit main-basse sur tous les princes de sa maison et n'épargna pas même sa sœur Ocha, qu'il fit enterrer vive. Enfin Bogoas fit empoisonner Occhus ; il fit plus : après avoir fait enterrer un autre cadavre à la place d'Occhus, il fit hacher le sien pour en faire la pâture des chats, et employa ses os à faire des manches d'épée.

Darius Codoman succéda à Bogoas, et la monarchie des Perses périt avec lui ; il s'appelait le roi des rois.

Dans ce temps, Alexandre de Macédoine vint au monde ; d'abord le roi Philippe son père connaissant par expérience le prix d'une bonne éducation, attira d'Athènes, pour élever son fils, Aristote, né à Stagire en Macédoine, le plus savant homme de son siècle et le plus grand philosophe qu'ait produit la Grèce.

Alexandre fut le premier roi de la monarchie grecque ; il donna un combat contre Darius, roi de Perse, et il fit prisonniers sa mère, sa femme et ses enfants. Alexandre, loin d'user de ses droits, pro-

digue les égards et les attentions à cette
famille infortunée ; il prend dans ses bras
le fils de Darius qui, alors, avait six ans,
et qui, sans s'étonner, se jette à son cou.
Après être entré dans la ville de Tyr, il
marche vers Jérusalem ; plein de respect,
il s'avance vers le grand-prêtre, le salue et
adore le nom de Dieu qu'il portait écrit
sur une lame d'or attachée à son front; il
embrasse tous les prêtres, monte au temple et y offre au vrai Dieu des sacrifices
de la manière que le grand-prêtre lui pres-
crit.

Alexandre a conquis son vaste empire
avec une prodigieuse rapidité, mais il n'a
fait que le conquérir; il est mort sans
le consolider. Il fut partagé entre quatre
de ses généraux conquérants.

Le prophète Daniel avait prédit que
l'empire d'Alexandre se partagerait entre
quatre, ce qui se vérifia. Le roi du midi
fut Ptolomée Lagus, ou Poser; l'autre
qui régna depuis la mer de Syrie jusqu'à

l'Indus, se nommait Seleucus Nicator; il força Démétrius, roi de Macédoine, à se constituer son prisonnier; il tua Lysimaque et il s'empara de la Thrace. Le prophète parle de ces deux généraux d'Alexandre, parce que ce sont les deux qui eurent des relations avec les Juifs.

Ptolomée Philadelphe envoya des ambassadeurs à Rome. Le sénat, flatté de cette députation, y répondit en lui envoyant quatre de ses membres pour conclure le traité qu'il demandait. Il leur distribua quatre couronnes à la fin du repas. Les autres parties de l'empire d'Alexandre furent distribuées entre d'autres généraux, mais les uns et les autres se déchirèrent, et plusieurs se signalèrent par des cruautés horribles; mais la main de Dieu s'appésantit visiblement sur eux.

Roxane et Perdicas, de concert, firent mourir Statyra, veuve d'Alexandre, et les deux filles de Darius; Perdicas fut humilié et égorgé après. Olympias, mère d'A-

lexandre, se montra fière, méchante et
vindicative; appuyée des Macédoniens,
elle fit mourir Nicanor et cent de ses par-
tisans. Elle commit d'autres atrocités horribles; après, elle fut abandonnée, haïe,
jugée, et les juges mêmes lui coupèrent la
gorge. Eumène, qui l'avait soutenue, fut
égorgé dans sa prison. Cassandre convoi-
tait le trône, et ne pouvant y parvenir que
par des crimes, il chargea Plancias, jus-
que là gouverneur du jeune Alexandre et
de Roxane, sa mère, de les égorger secrè-
tement et de faire disparaître leurs dé-
pouilles. Antiochus répudie Bérénice, sa
femme, pour prendre Laodicée. Il périt
empoisonné par Bérénice, et celle-ci périt
massacrée.

Antipater termina la révolution, après
la mort d'Alexandre, par un nouveau par-
tage de provinces. Quelques gouverneurs
furent confirmés dans celles qui leur avait
été confiées. Ainsi Ptolomée Lagus dans
le gouvernement de l'Egypte, Laomédon

dans celui de la Syrie et de la Palestine, et Cassandre dans celui de la Carie. La Pamphilie et la Licie, dont Antigone avait été dépouillé par Perdicas, lui furent rendues. Le siége de l'empire devant être transféré en Macédoine, le gouvernement de Babylone fut confié à Séleucus.

Les juifs, bien qu'assujétis à tel ou tel monarque étranger, obéissaient à leurs propres lois et à un de leurs concitoyens, c'est-à-dire au souverain pontife, jusqu'à Hérodes, qui entra à Jérusalem pour accomplir la prophétie : le sceptre est sorti de Juda, où il devait rester jusqu'à ce que vînt le Désiré des nations.

La couronne se disputa entre Aristobole et son père Hircan ; Pompée, général romain, profita de cette circonstance pour s'emparer de Jérusalem ; le triumvir César, et Pompée avec Gabinus et Crassus ; ce dernier pilla le temple de Dieu et il fut puni en perdant la victoire et la vie contre les Parthes ; Pompée fut assassiné par les

Egyptiens qui portèrent sa tête à César ;
celui-ci plaça Cléopâtre sur le trône d'E-
gypte et se livra auprès d'elle à la débauche
et à l'oisiveté ; le sénat proclama Jules César dictateur perpétuel ; il nomma gouverneurs, Cassius en Syrie, Brutus dans l'Asie,
la Judée échut à Hircan et Hérodes, au
deuxième fils d'Antipater, la Galilée.

Hérodes épousa Mariamne, fille d'A-
lexandre et d'Alexandra ; il va à Rome se
présenter à Marc-Antoine ; le triumvir le
nomme roi de Judée ; Hérodes va visiter
Auguste et placé entre Marc-Antoine et
Octave, accompagné des consuls et des
sénateurs, il est conduit au Capitole, devant
le triumvirat Emilius Lepidius, Marcus
Antonius, et Caius Julius César Octa-
vianus, et le consulat de Cneus Domitius
Calvinus et de Caius Asinius Polliot ; Marc-
Antoine épouse Octavie sœur d'Octavien.

Des conspirateurs assassinèrent Jules César, mais les assassins furent tous malheureux et finirent mal leur vie.

Hérodes entra à Jérusalem 27 ans après Pompée; ce fut Socius, général romain, qui y entra avec ses troupes; Marc-Antoine fit mourir Antigone, dernier prince des Machabées; le sceptre sortit de Juda, où il devait rester jusqu'à la venue du désiré des nations.

Marc-Antoine ayant trahi le roi des Parthes, le fit enchaîner et présenter devant sa concubine Cléopâtre, assise sur un trône d'or; la folie de Marc-Antoine le poussa jusqu'à donner à Cléopâtre le nom d'Isis, déesse des Egytiens, méprisant en même temps Octavie sa femme légitime. Octave était fils adoptif de Jules César, et Césarion fils légitime de Jules César.

Marc-Antoine excita la haine d'Octave et de plusieurs sénateurs, et pour suivre Cléopâtre, il perdit la bataille d'Actium; il se donna un coup de couteau, et mourut dans les bras de Cléopâtre; celle-ci se donna la mort après. Octave fut maître de l'empire, et ce jour fut le dernier de la

race royale des Lecgides et des successeurs d'Alexandre-le-Grand en Egypte,
et la prophétie d'Ezéchiel : *dux de terra
Egipti non erit amplius*, il n'y aura plus à
l'avenir de princes du pays de l'Egypte,
et je répandrai la terreur dans toutes ses
terres, s'accomplit.

Hérodes fit mourir sa femme Mariamne,
sa belle-mère Alexandra, son beau-frère
Aristobole, Costobare et ses deux fils.
Auguste dit à cette occasion qu'il valait
mieux être le pourceau d'Hérodes que son
fils.

Hérodes fut puni de Dieu : une chaleur lente le dévorait et le brûlait; il était
rongé d'une famine si cruelle que rien ne
suffisait pour le rassasier; ses intestins
étaient pleins d'ulcères; de violentes co-
liques lui faisaient souffrir d'horribles
douleurs, son corps était enflé et lividé,
et certaines parties étaient si corrompues,
que l'on en voyait sortir des vers; il ne res-
pirait qu'avec peine et son haleine était si

mauvaise qu'on ne pouvait s'approcher de
lui, et le châtiment visible de Dieu le pu-
nissait déjà sur la terre de ses cruautés et
de ses impiétés.

En revenant à Auguste, il mourut à
Nole, âgé de 76 ans, après en avoir régné
44 moins 13 jours; depuis la bataille d'Actium, il devint tout puissant et se vit maître du monde; il réunit en lui tous les pou-
voirs humains; il fit brûler de méchants
libelles et il ordonna que leurs auteurs fussent punis. Avant de mourir, il fit le dé-
nombrement du peuple romain; le dénom-
brement des citoyens se trouva monter à
quatre millions sept cent trente sept mille;
Auguste gouverna avec sagesse et modé-
ration; Tybère lui succéda et mourut, et
Caius Julius César Caligula lui succéda.
Pendant les huit premiers mois de son
règne, il mérita par le bon usage de son
autorité d'être appelé d'une commune voix
le modèle des princes; mais on rétracta
bientôt ces éloges précipités; le germe des

3

vices, caché dans son cœur, se développa, son orgueil monta au comble de la folie; dans les orages, il faisait avec une machine un bruit semblable à celui du tonnerre, et lançant une pierre contre le ciel, il s'écriait tue-moi ou je te tue; les débauches les plus infâmes et les cruautés les plus barbares ajoutèrent l'horreur à toutes ses extravagances; il régna trois ans neuf mois et vingt huit jours, et ce monstre mourut assassiné par les coups de plusieurs sénateurs. Claude lui succéda, et Néron succéda à Claude. Néron fut encore plus cruel que ses devanciers; il fit mourir le célèbre espagnol Sénèque qui était son maître, il fit mourir jusqu'à sa propre mère; mais il fut puni de Dieu et assassiné; Galba lui succéda; il était vieux et sans enfants, il fut assassiné; Othon lui succéda et au bout de trois mois il se tua; Vespasien lui succéda et Titus commanda l'armée qui entra dans Jérusalem pour vérifier la prédiction de Jésus-

Christ, lorsqu'il assura qu'il ne resterait pas pierre sur pierre de ce beau temple. Le second temple des Juifs fut brûlé, dit Josephe, sous Titus, le même mois et le même jour que l'avait été le premier sous Nabuchodonosor, et il périt, cette seconde fois, un million trois cent cinquante mille personnes.

Dieu nous observe par le prophète Isaïe qu'il n'y a sur la terre et dans le ciel aucun être qui puisse savoir et assurer les choses à venir, et que c'ést lui, seul créateur de tout, qui les a fait connaître; ainsi, il annonce par le même prophète qu'il naîtra un roi qui s'appellera Cyrus, qui entrera victorieux dans les grandes villes jusqu'à la capitale, Babylone; et cette prédiction s'accomplit exactement au bout de deux siècles. Le prophète Jérémie prédit plusieurs années auparavant l'entrée de Nabuchodonosor à Jérusalem; il assura que le roi Sédécias serait mené devant ledit roi; et, pour avoir prédit ces vérités,

on mit le prophète en prison, on le jeta
dans un puits ; il insista cependant à répéter les mêmes prophéties, qui se vérifiè-
rent exactement, puisque Nabuchodonosor
entra à Jérusalem ; Sédécias fut mené devant ce puissant roi, qui fit tuer ses deux
enfants, et après lui fit crever les yeux ; les
prophètes ont prédit la ruine de Babylone,
de Tyr et autres villes, et tout s'est accompli.

Le Roi doit choisir de bons ministres.

Dieu dit à Moïse, en parlant du peuple :
Portez - le dans votre sein comme une
nourrice a accoutumé de porter son petit enfant. Il lui dit aussi : Assemblez-
moi soixante - dix hommes des anciens
d'Israël, que vous saurez être le plus
expérimentés et le plus propres à gou-
verner, et menez-les à l'entrée du tabernacle de l'alliance où vous les ferez demeurer avec vous, je descendrai là pour
vous parler, je prendrai de l'esprit qui est

en vous et je leur en donnerai afin qu'ils soutiennent avec vous le fardeau de ce peuple et que vous ne soyez point trop chargé seul.

Vous ne souffrirez point ceux qui usent de sortiléges et d'enchantement, mais vous leur ôterez la vie.

Je le répète, il est très intéressant que le roi ait de bons ministres; lorsque Salomon se révolta contre son père David, celui-ci envoya un ministre fidèle à son fils Absalon pour lui offrir son service; Absalon tint conseil, son premier ministre Architopel décida d'attaquer sans retard David; mais Chusaï combattit énergiquement le conseil d'Architopel, et avec adresse sauva la vie à David et à son armée.

Dès que le roi aura choisi de bons ministres, il ne doit pas donner accueil aux faux rapports; car, comme dit l'Esprit-Saint:

Jethro, beau-père de Moïse, lui dit : Donnez-vous au peuple pour toutes les

choses qui regardent Dieu et pour apprendre la manière d'honorer Dieu et ce
qu'ils doivent faire pour plaire à Dieu ;
mais choisissez, d'entre tout le peuple,
des hommes fermes et courageux qui crai-
gnent Dieu, qui aiment la vérité et qui
sont ennemis de l'avarice ; qu'ils soient
occupés à rendre la justice au peuple en
tout temps, mais qu'ils réservent pour
vous les plus grandes affaires et qu'ils ju-
gent seulement les plus petites.

On rendra vie pour vie, œil pour œil,
dent pour dent, main pour main, pied pour
pied, brûlure pour brûlure, plaie pour
plaie, meurtrissure pour meurtrissure.

Le roi Roboam n'écouta pas les conseils
des ministres expérimentés et sages, il
voulut plutôt suivre les avis des ministres
sans expérience et pleins d'orgueil ; cela
lui occasionna la perte de dix tribus d'I-
sraël, qui se soulevèrent et se formèrent
un roi ; le roi David envoya ses ambassadeurs au roi des Ammonites ; ce roi nommé

Hanon, suivit l'avis des ministres impru-
dents, fit raser la tête et la barbe aux ambassadeurs de David, leur fit couper leurs
robes depuis le haut des cuisses jusqu'au
pied, et les renvoya ensuite; cela occasionna une guerre, et David fit périr quarante mille hommes de pied et sept mille
de cavalerie de l'armée ennemie. Nous
pourrons ajouter ici : Le règne des méchants est la ruine des hommes.

Le prince qui écoute favorablement les
faux rapports n'aura que des méchants
pour ministres; lorsqu'un roi juge les
pauvres dans la vérité, son trône s'affer-
mira pour jamais; celui qui garde la loi,
est heureux.

Le savant Fénélon donne de bons avis
sur cela; mais je préfère rappeler les avis
et les traits de l'écriture sainte; Cyrus, par
ses victoires, mit sur la tête de son oncle
Cyaxare, la couronne des Babyloniens
et celle des Mèdes; les deux princes divi-
sèrent leurs états en cent vingt provinces,

et ils choisirent trois ministres; le premier fut Daniel; mais sa sagesse et son intégrité déplut bientôt à ses collègues, et remarquons la manière artificieuse par laquelle ils surprirent le roi Cyaxare pour perdre Daniel; ils proposèrent au roi de donner un décret, que pendant trente jours, tous ses sujets adresseront à lui seul des prières, condamnant les réfractaires à être jetés dans la fosse aux lions; cette loi publiée, ses ennemis s'étant entendus, ils épièrent Daniel, qui, trois fois par jour, ouvrait les fenêtres qui regardaient Jérusalem, et adorait le vrai Dieu; ils s'empressèrent de rappeler au roi, qu'aux termes de son décret, il doit en ordonner l'exécution; ils dénoncent Daniel. Le roi fut surpris et affligé; mais plein de confiance dans la vertu de Daniel, il va lui-même l'accompagner, et lui dit : Ton Dieu que tu adores sans cesse te délivrera; les accusateurs jettent Daniel dans la fosse aux lions, ils ferment l'entrée; le roi lui-même en scelle l'entrée avec son anneau, craignant plus la malignité de ses ennemis que la fureur des lions; le lendemain, dès la pointe du jour, le monarque court à la fosse; d'une voix gémissante il appelle Daniel! et le prophète lui répond. Cyaxare, transporté de joie, ordonne que Daniel soit tiré de la fosse, et que ses accusateurs subissent la peine du talion; ces malheureux sont en un moment broyés par les lions.

Véritable Religion.

Le roi doit savoir que Dieu donna sa divine loi à Moïse pour la faire connaître au peuple et la lui faire observer; il promit en même temps le Messie. Moïse fit observer la divine loi. Josué succéda à Moïse pour conduire la nation d'Israël. Trente-un rois combattirent contre Josué, et tous furent vaincus par des prodiges que Dieu fit en faveur de Josué et de la nation d'Israël, qui observaient ses divins commandements. Un grand nombre de nations descendant de Canaan se réfugièrent ailleurs, en Egypte, dans l'Afrique, l'Esclavonie. La mer étant ouverte du côté de la Phénicie, ils formèrent des flottes; les colonies phéniciennes passèrent aux îles Canaries, qui ont conservé le nom de Canaan, et de là en Amérique. Les îles de Sicile, de Sardaigne, de Malte, de Chypre, de Corfou, les Baléares, celle de Cadix et plusieurs autres furent habitées par les Phéniciens; les Chinois descendent des Cinéens, tous descendants de Canaan. Ici on voit accomplie la malédiction de Noé sur son fils Cham.

Les prophéties du Messie furent accomplies. Jésus-Christ est venu; il a établi son Eglise, qui est dépositaire de sa doctrine. Les plus grands et les plus puissants empereurs n'ont pu l'ébranler; les millions de martyrs qu'ils ont fait périr ont affermi cette divine doctrine. Tous les rois éclairés et bons catholiques ont protégé l'Eglise catholique, apostolique et romaine.

Le concile de Trente, convoqué par le pape Paul III, continué par Jules III et fermé par Pie IV, fut protégé par des rois. Le concile invita les personnes qui avaient des difficultés à lui proposer, ainsi que les protestants et tous ceux qui ne voulaient pas croire à la véritable religion, à venir librement, et même avec protection royale, pour discuter les actes et la doctrine du concile; mais les ennemis de la religion et de l'Eglise romaine savaient bien qu'ils seraient confondus par la véritable doctrine, qui est plus claire que la lumière du soleil. Ce fait seul devrait suffire pour convaincre les rois que la véritable religion est celle que l'Eglise catholique romaine enseigne et commande de croire et de pratiquer.

Les rois doivent aussi considérer que le Ciel a envoyé les ordres religieux pour être comme des troupes auxiliaires de

son Eglise, et pour observer en même
temps les conseils de l'Évangile. Par
exemple, saint François d'Assises fut un
exemple vivant de Jésus-Christ, qui lui
imprima ses sacrés stygmates. Et qui
pourra compter les services que les ordres religieux ont rendus à la religion
et à la société? Ainsi les bons rois, non-
seulement ont protégé les ordres approuvés par le souverain pontife, mais même
plusieurs rois, princes et princesses ont
renoncé à leurs couronnes pour vivre
dans des couvents religieux.

Exemples de bons rois.

Le roi David soutint la loi de Dieu; il
supporta avec patience les persécutions
du roi Saül. Il eut plusieurs occasions de
le frapper de mort; mais il lui pardonna
avec une charité admirable. Dieu récom-
pensa sa patience et ses vertus, et voici
les avis qu'il donna à son fils Salomon :

Le jour de la mort de David étant proche, il donna avis à Salomon son fils, et lui dit : Me voici venu au terme où toute la terre doit arriver ; armez-vous de fermeté, et conduisez-vous en homme de bien ; observez tout ce que le Seigneur, votre Dieu, vous a commandé ; marchez dans ses voies ; gardez ses cérémonies, ses préceptes, ses ordonnances et ses lois, afin que tout ce que vous avez à faire, et tout ce que vous entreprendrez, vous le fassiez avec sagesse ; c'est ainsi que le Seigneur vérifiera la parole qu'il m'a donnée lorsqu'il m'a dit : Si vos enfants veillent sur leurs voies, et qu'ils marchent devant moi dans la vérité, de tout leur cœur et de tout leur amour, vous aurez toujours quelqu'un de vos descendants qui sera assis sur le trône d'Israël.

Saint Ferdinand, roi d'Espagne, élevé dans la religion de Jésus-Christ par les soins de Berengaria, sa mère, commença dès sa jeunesse à faire éclater ses vertus, principalement la grandeur d'ame, la clé-

mence, la justice, et surtout son zèle pour
la religion catholique. Il commença d'a-
bord par faire disparaître les hérétiques
de son royaume, et n'en toléra pas un
seul dans ses états; ensuite il forma des
églises dans toutes les parties qu'il avait
conquises en chassant les Maures. Ainsi il
dota et enrichit les cathédrales de Cor-
doue, de Séville, de Tolède et autres; il
encouragea l'armée contre les armées des
Sarrasins, ennemis des chrétiens. Avant
le combat il commençait à prier Dieu avec
ferveur, et couvrait son corps innocent
d'un cilice. Pour obtenir la victoire, il se
recommandait à la très sainte Vierge
Marie, et faisait porter l'image de la Mère
de Dieu à son armée. C'est ainsi qu'il ob-
tint des victoires visiblement miraculeu-
ses. Il rétablit l'archevêché de Séville et
les chanoines, et les enrichit avec une
magnificence royale. Il fit bâtir des monastères; et c'est en se préparant à aller
en Afrique pour renverser l'empire ma-

hométan, qu'il tomba malade; il demanda
le saint viatique, se mit une corde au cou
et se prosterna devant le Saint-Sacrement
en répandant des larmes de dévotion. Son
ame repose dans la paix du Seigneur, et
son corps se conserva intact pendant quatre siècles, dans un tombeau placé dans
la grande église de Séville.

Saint Louis, roi de France, fut élevé
dans la véritable religion par Blanche, sa
mère. A l'âge de vingt ans il tomba malade, il pensait déjà à s'emparer de la terre
sainte de Jérusalem. Dès qu'il fut guéri
il fit bénir par l'évêque de Paris la ban-
nière de la religion, qu'il porta avec son
armée; traversant les mers, il chassa les
Sarrasins. Cependant Dieu permit que la
peste fit périr une grande partie de son
armée, et lui-même fut fait prisonnier.
S'étant arrangé avec les Maures, il fut
mis en liberté et renvoya son armée. Il
resta quatre ans en Orient, racheta plusieurs chrétiens de la barbarie des Maho-

mêtans, et convertit plusieurs infidèles.
A la mort de sa mère, il retourna en
France, et se vouant à la piété, il fit bâtir plusieurs monastères et hôpitaux ; lui-
même allait consoler les malades. Il mourut plein de vertus, et le pape Boniface le
canonisa.

Je répète ici les paroles de Bossuet : La
plus grande gloire des rois de France leur
vient de leur foi et de la protection cons-
tante qu'ils ont donnée à l'Eglise ; ils ne
laisseront pas affaiblir cette gloire, et la
race régnante la fera passer à la postérité
jusqu'à la fin des siècles. Elle a produit
saint Louis, un des plus saints rois qu'on
ait vus parmi les chrétiens. Tout ce qui
reste aujourd'hui des princes de France
est sorti de lui, et comme Jésus-Christ disait aux Juifs : Si vous êtes enfants d'A-
braham, faites les œuvres d'Abraham, il
ne me reste qu'à dire à nos princes : Si
vous êtes enfants de saint Louis, faites les
œuvres de saint Louis.

Louis XIV disait à son fils : Mon fils, Dieu ne nous a faits si grands qu'afin que nos respects l'honorassent davantage, et si nous manquons de remplir en cela ses desseins, peut - être qu'il nous laissera tomber dans la poussière, d'où il nous a tirés.

DEVOIRS DU PEUPLE.

Le Peuple doit avoir la connaissance de soi-même.

Le peuple doit considérer les paroles que Thecua, femme obéissant à Joab, dit au roi David : « Nous mourons tous et nous nous écoulons sur la terre comme des eaux qui ne reviennent plus. »

Saint Augustin „ expliquant les paroles du prophète, « il boira de l'eau du torrent, » dit :

Qu'est-ce que ce torrent, sinon le cours et l'écoulement de la mortalité de l'homme? Un torrent se ramasse des eaux de la pluie, il se renfle, il court avec impétuosité et avec bruit, et en courant il finit sa course. De même les hommes naissent, ils vivent, ils meurent, et il en naît d'autres à leur place ; ces derniers étant morts comme les premiers, il en naît d'autres encore qui leur succèdent et qui s'en vont. Qu'y a-t-il ici que l'on retienne? Qu'y a-t-il qui ne s'écoule, ou plutôt qui ne passe avec rapidité? Qu'y a-t-il qui, après s'être assemblé comme des eaux de la pluie, ne s'aille perdre dans l'abîme? Car comme ces torrens impétueux rassemblent subitement des eaux de la pluie, se vont perdre dans la mer sans qu'il en paraisse rien ; toute la race des hommes se rassemble de même des secrets trésors de Dieu, coule ensuite, et va de nouveau se reperdre par la mort dans ces mêmes trésors invisibles d'où Dieu les avait tirés. Ce qu'il y a de milieu entre cette naissance et cette fin fait un peu de bruit, et passe ensuite.

Le même saint Père, considérant les autres paroles du prophète : *Les jours de la vie de l'homme passent comme l'her-*

be, dit : Que l'homme voie dans cette
image ce qu'il est ; qu'il le voie, et
qu'il cesse d'être superbe. *Sa vie passe
comme l'herbe.* Pourquoi cette herbe, qui
a un éclat si fragile s'élève-t-elle d'orgueil,
elle qui va se sécher dans un moment?
Pourquoi, dis-je, cette herbe qui a une
beauté si passagère s'élève-t-elle, elle qui
ne va durer que jusqu'à ce que le soleil soit
dans son plein midi? Que la miséricorde
de Dieu se lève donc sur nous. Qu'elle chan-
ge toute cette herbe en or. L'éclat de l'homme quel qu'il puisse être , n'est que *comme
la fleur de l'herbe.* L'honneur , la puissance, les richesses, la magnificence, l'orgueil, les menaces, cela n'est que la fleur
de l'herbe. Ah! que toute cette maison est
florissante, dit-on! que cette famille est
éclatante! qu'elle est bien appuyée! Combien de personnes y sont élevées en honneur! Depuis combien d'années elle est déjà
dans cette gloire! J'avoue qu'à votre égard
ce nombre d'années est considérable; mais

que ce temps est court aux yeux de Dieu !

Dieu ne compte pas le temps comme vous. L'éclat de la famille du monde la plus florissante comparée avec ces siècles qui n'ont point de fin, avec ces siècles qui vivent et qui durent toujours, est à peine l'éclat d'une fleur. Tout ce qu'il y a de beau dans l'année, à peine dure-t-il un an. Tout ce qu'il y a d'éclatant, tout ce qu'il y a d'agréable aux yeux, tout ce qu'il y a de vif et de riant, ne dure pas une année entière. Combien passent promptement les fleurs, qui sont ce qui sort de plus beau de la terre? Ce qui a le plus de beauté est ce qui se passe le plus vite. « Toute chair « n'est que comme l'herbe. L'éclat de « l'homme est comme la fleur de l'herbe. « L'herbe est séchée, la fleur en est tom- « bée; mais la parole de Dieu demeure é- « ternellement. »

Finissons ici par les paroles de l'apôtre saint Paul aux Corinthiens : « Voici donc, mes frères, ce que j'ai à vous dire : le

temps est court, ainsi il faut que ceux
mêmes qui ont des femmes soient comme
s'ils n'en avaient point ; ceux qui pleurent
comme s'ils ne pleuraient pas, ceux qui
sont dans la joie comme s'ils n'y étaient
pas, ceux qui achètent comme s'ils ne
possédaient rien, ceux qui usent des choses de ce monde comme s'ils n'en usaient
point, car la figure de ce monde passe. »

Le Peuple doit avoir la connaissance de Dieu.

Dixit insipiens in corde suo : Non est Deus. (Psaume 13.)

Le prophète royal remarque que l'insensé a dit dans son cœur : Il n'y a point
de Dieu, et ensuite les mêmes incrédules
se sont corrompus et sont devenus abo-
minables dans toutes leurs affections et
leurs désirs. Saint Liguori rappelle qu'il
y avait des hommes qui croyaient vrai-
ment que le soleil était Dieu. Dans cette

croyance, ils se conduisaient avec sagesse pendant le jour, craignant le soleil, qui les voyait ; pour faire le mal ils attendaient la nuit, croyant que Dieu ne les verrait pas. L'apôtre saint Paul nous dit que se trouvant dans la ville d'Athènes, il vit un autel portant cette incription : IGNOTO DEO, *au Dieu inconnu* : il y a encore aujourd'hui des insensés qui osent nier l'existence de Dieu, et d'autres qui se font un Dieu à leur fantaisie. Il faut que le peuple soit inébranlable dans la croyance qu'il y a un Dieu, et qu'il connaisse que c'est ce même Dieu éternel qui a tout créé, qui conserve tout par sa puissance, qui a parlé à l'homme, et dont la parole s'est accomplie.

La Genèse nous dit que Dieu créa la lumière, le soleil, la lune, la terre, la mer, les poissons, les végétaux, les animaux, les oiseaux et l'homme.

Job fait des observations admirables sur la création ; il examine les êtres de la nature et il dit : N'est-ce pas Dieu qui a tout créé , ainsi que les ames et les esprits?

La physique et l'astronomie ont examiné le soleil, et ont trouvé que c'est un globe composé de particules de feu qui exercent un mouvement continuel centrifuge versant en même temps la lumière comme par torrents sur la terre. La géométrie a découvert que la terre est ovale ou sphéroïdale, et tourne sans cesse sur le soleil. L'hydraulique considère la mer, qui couvre une grande partie de la terre, et dont les particules sont sphériques et gluantes. La science aérienne considère l'atmosphère enveloppant la terre et la mer, et donnant la vie aux habitants de l'air et de la terre. Tous ces phénomènes ont été essentiellement produits par une puissance créatrice, et elles conservent l'ordre par la même puissance gouvernatrice. On pourra voir cette matière par le savant Altiéry, l'abbé Pluche et le père

Grenade. L'anatomie considère l'homme, examine la tête, et elle voit des merveilles étonnantes. D'abord elle est enveloppée par l'occiput, le sinciput et les pariétales, qui sont unies par une couture prodigieuse. En dedans il y a une membrane nommée dure-mère, et après une autre nommée pie-mère, qui est comme une enveloppe très délicate qui conserve et garantit le cerveau, lequel reçoit la communication des organes de tout le corps humain. Le père Grenade observe les yeux sur la tête, qui sont comme les sentinelles qui voient de loin les dangers pour avertir et prévenir.

Le bon ordre des dents pour trancher, triturer et moudre les matières alimentaires; la langue, comme une boulangère industrieuse, qui, avec un goût délicat, rebute ou reçoit les pâtes alimentaires convenables, les fait passer dans l'estomac comme dans un foyer admirable. Là, par une coction graduelle, se forme le

3.

chile, qui se distribue prodigieusement
dans tous les organes du corps humain.
L'aspiration et la respiration des poumons,
le mouvement du cœur, l'articulation du
sang, la pulsation, et tout le reste de notre corps, jusqu'aux parties les plus ca-
chées publient un auteur souverain et conservateur des êtres, et si elles avaient la
parole elles répéteraient : *Ipsit fecit nos
non ipsi nos.*

Ici nous pouvons rappeler la vision du
prophète Ezéchiel, lorsqu'il vit une campagne qui était toute pleine d'os secs, et
Dieu fit former, en présence du prophète,
un mouvement parmi ces os, et ils s'ap-
prochèrent l'un de l'autre, et chacun se
plaça dans sa jointure, et tout d'un coup
des nerfs se formèrent sur ces os, des
chairs les environnèrent, et de la peau
s'étendit par-dessus.

Et si on considère les facultés admirables de notre ame, on reste émerveillé.
Le savant père Argentan les considère at-

lentivement : mais chacun de nous pourra
également les considérer pour bénir le divin créateur. Par exemple notre mémoire
semble immense. J'aurai vu, par exemple,
un champ émaillé de fleurs, j'aurai entendu
plusieurs sons harmonieux de musique ;
les couleurs vivantes des fleurs de la prai-
rie et les sons mélodieux de la musique
restent comme gravés dans ma mémoire,
et je me les rappelle longtemps, et toutes les fois que je veux je prononce une
parole, et cette seule parole va rapidement, comme pour se graver dans la mémoire de ceux qui m'entendent. J'aurai
prononcé Dieu, Jésus, Marie, Joseph ;
mille personnes entendent ces paroles, et
voilà quatre mille paroles comme gravées
dans la mémoire des mille personnes. Quel
prodige ! L'intelligence est si vaste qu'elle
peut traverser les mers, considérer les
vastes solitudes, pénétrer dans le centre
de la terre, et monter subitement dans le
ciel pour contempler la divinité et répéter

avec les Séraphins : Saint, saint, saint est le Seigneur Dieu tout puissant !

Notre volonté est également si étendue, qu'elle ressemble à l'infini; elle est si ferme que rien ne l'ébranlera, si elle le veut. Ainsi Saint Paul répétait : Qui pourra me séparer de la charité de Jésus-Christ; je suis sûr que ni les Principautés, ni les Trônes, ni les Dominations, ni les Anges, ni aucune créature, ne pourront faire plier ma volonté et me séparer de l'amour de Jésus-Christ. Ainsi on pourra former des fournaises ardentes, des roues tranchantes, et mille autres instruments de supplices. La volonté des martyrs n'a pas fléchi. Qui aura donc pu créer notre ame si vaste dans son être spirituel, et qui, en même temps, communique et conserve la vie à notre corps? C'est sans doute le Dieu tout puisssant. Ici nous pouvons rappeler la même vision précédente du prophète Ezéchiel, lorsqu'il vit que l'esprit entra dans les os, et ils devinrent vivants et animés, et ils se tinrent tout droits sur leurs pieds, et le Seigneur dit : Ils sont les enfants d'Israël.

Formons nous-mêmes un argument naturel pour arriver à la connaissance de l'être suprême, qui a tout créé, qui voit tout et qui gouverne tout. Nous avons considéré le soleil, nous le voyons présent entre la route céleste et nous ; par conséquent il est présent aux habitants de l'air, et les oiseaux du ciel volent en sa présence. Nous voyons la lumière du soleil éclairer les habitants des montagnes, et faire monter les arbres, les cèdres du Liban. Nous-mêmes marchons en présence de la lumière ; les habitants, les reptiles, marchent ou rampent en présence du soleil, et nous pouvons assurément répéter avec le prophète : *Nemo est qui se abscondat a calore ejus.* Supposons pour un moment que le soleil eût la connaissance, ne verrait-il pas en même temps tout ce qui se passe dans les airs et sur la terre ?

Rappelons ici les paroles du roi David : Seigneur, vous m'avez éprouvé et connu parfaitement ; vous m'avez connu, soit que je fusse assis ou levé. Vous avez découvert de loin mes pensées ; vous avez remarqué le sentier par lequel je marche et toute la suite de ma vie ; et vous avez prévu toutes mes voies, et avant même que ma langue ait proféré aucune parole vous la savez. Vous avez, Seigneur, une égale connaissance de toutes les choses et futures et anciennes. C'est vous qui m'avez formé et qui avez mis votre main sur moi.

Votre science est élevée d'une manière merveilleuse au-dessus de moi ; elle me surpasse infiniment, et je ne pourrai jamais y atteindre. Où irai-je pour me dérober à votre esprit, et où m'enfuirai-je de devant votre face ? Si je monte dans le ciel, vous y êtes ; si je descends dans l'enfer, vous y êtes encore. Si je prends des ailes dès le matin, et si je vais demeurer

dans les extrémités de la mer, votre main
même m'y conduira, et ce sera votre droite
qui me soutiendra. Et j'ai dit : Peut-être
que les ténèbres me cacheront ; mais la
nuit même devient toute lumineuse pour
me découvrir dans mes plaisirs : parce
que les ténèbres n'ont aucune obscurité
pour vous ; que la nuit est aussi claire que
le jour, et que les ténèbres sont à votre
égard comme la lumière du jour même :
car vous êtes le maître de mes reins et de
mon cœur ; vous m'avez formé dès le ventre de ma mère.

Je vous louerai, parce que votre grandeur a éclaté d'une manière étonnante :
vos ouvrages sont admirables, et mon ame
en est toute pénétrée. Mes os ne vous sont
point cachés, à vous qui les avez faits dans
un lieu caché ; ni toute ma substance, que
vous avez formée comme au fond de la
terre. Vos yeux m'ont vu lorsque j'étais
encore informe, et tous sont écrits dans
votre livre. Les jours ont chacun leur de-

gré de formation, et nul d'eux ne manque
à y être écrit.

Sur la terre, l'air conserve la vie par
l'inspiration et la respiration des poumons ; et s'il nous manquait seulement
pendant une heure, moins encore, tous
les habitants de la terre et de l'air péri-
raient. On en a fait l'expérience en met-
tant un petit oiseau dans une bouteille de
cristal et en faisant l'extraction de l'air
avec la machine pneumatique : on a vu
le pauvre petit oiseau palpiter et périr
dès que l'air lui a manqué. Ainsi saint
Paul a bien dit que nous vivons en Dieu :
nous avons le mouvement par lui, et c'est
par lui que nous vivons. Rappelons ici
que l'Esprit-Saint descendit sur les Apôtres comme un vent et sous la forme de
langues de feu, symbole de l'esprit de vie
et de grâce.

Faisons encore une observation. D'a-
bord, en voyant l'harmonie de la nature,
le mouvement et la course régulière des

astres, l'agitation des airs, la végétation
de la terre, la succession régulière de
l'aurore, le soleil, jour et nuit nous devons dire : Il y a un architecte souverain
qui a tout réglé. Par exemple, quand nous
voyons une bonne horloge, nous obser-
vons le balancier allant et rétrogradant ;
nous remarquons la fidélité de l'indica-
teur, nous entendons le son harmonieux
et la répétition. Nous savons que ce n'est
pas l'horloge elle-même qui a réglé tout
cela, mais que c'est un artiste qui a placé
les rouages et leur a donné le mouvement
et la régularité. En voyant l'harmonie de
la nature, nous devons dire, à plus forte
raison : C'est le divin créateur qui a tout
formé.

Les livres de Job sont remplis de ré-
flexions sur l'existence de Dieu ; il considère le ciel, la terre et les éléments, l'harmonie de la nature, la régularité des astres, la succession des temps, et il s'élève
à la connaissance d'un Dieu tout-puissant.

devant lequel tous les monarques de l'Univers doivent fléchir et l'adorer : ici on pourra faire une observation aux imbéciles qui veulent former un dieu du panthéisme. Supposons que toutes les intelligences réunies et tous les monarques ensemble voudraient former un moucheron ou faire sortir du néant un petit grain de sable, ils ne sauront pas, ils ne pourront pas : car, comme dit J.-C., un cheveu ne peut tomber de la tête sans la volonté de Dieu ; et comment pourront-ils créer un nouveau soleil ? qui oserait, qui pourrait s'approcher de cet astre de feu ? Ces imbéciles pourront inventer des extravagances sur Dieu, mais tous connaissent, intérieurement que le cœur de l'homme cherche hors de soi-même le bonheur de posséder Dieu ; on l'invoque dans tous les cas de grand besoin.

Pour fortifier le peuple principalement dans cette connaissance, je rapporte ici littéralement les paroles de saint Augus-

tin expliquant les paroles du prophète :
Où est votre Dieu? Mais quand un Pa-
yen et un Idolâtre me parle de la sorte, ne
puis-je pas aussi lui dire à lui-même : *Où
est votre Dieu?* Il me montre peut-être
son Dieu de son doigt : et me montrant
une pierre, il dit : Voilà mon Dieu. *Où est
votre Dieu*, lui dis-je? et lorsqu'il voit que
je me raille de sa pierre, et qu'il rougit de
me l'avoir montrée, il en détourne les
yeux et il les lève vers le ciel, et me montrant le soleil, il me dit une seconde
fois : Voilà mon Dieu. *Où est votre Dieu,*
lui dis-je encore? Il trouve un Dieu qu'il
me fait voir des yeux du corps; pour
moi ce n'est pas que je manque d'un Dieu
que je puisse montrer; mais il n'a pas des
yeux auxquels je puisse le montrer. Car il
a bien pu me faire voir des yeux du corps
le soleil qui est son Dieu; mais de quels
yeux lui pourrai-je faire voir le Créateur
du soleil?

Néanmoins entendant dire ainsi tous les

jours : *Où est votre Dieu?* et m'étant nourri chaque jour de mes larmes ; j'ai repassé jour et nuit ces paroles que j'ai ouïes : *Où est votre Dieu?* j'ai enfin cherché aussi moi-même mon Dieu, afin d'essayer si je pourrais non plus seulement croire, mais encore voir quelque chose : car je vois bien ce que mon Dieu a fait, mais je ne vois pas mon Dieu lui-même qui a fait ces choses. « Et parce que je soupire comme « un cerf vers les eaux des fontaines ; que « Dieu a dans lui la source de la vie ; et « que ce Psaume est un Psaume d'intelli-« gence, et que les choses invisibles de « Dieu deviennent comme visibles en se « faisant connaître par ses ouvrages : que « ferai-je pour trouver mon Dieu? » « je considérerai la terre. La terre a été créée. J'y vois une beauté admirable ; mais elle ne s'est pas faite elle-même : c'est quelqu'un qui l'a faite. Je vois dans les plantes et dans les animaux un nombre infini de merveilles ; mais toutes ces plantes et tous ces animaux ont un Créateur. Je me tourne vers la vaste étendue des mers ; elle m'épouvante, je l'admire ; mais je cherche celui dont elle est l'ouvrage. Je regarde le ciel, et la beauté des étoiles, je vois avec admiration l'éclat du soleil, qui suffit pour nous éclairer le jour, et la beauté de la lune qui nous console des ténèbres de la nuit. Tous ces objets sont grands, ils sont admirables, ils sont dignes de louanges, ils remplissent d'étonnement. Car ce ne sont plus ici des beautés terrestres : mais des beautés célestes. Néanmoins ce n'est pas encore là que ma soif s'arrête. J'admire ces beaux ouvrages, je les loue, mais ma soif soupire après celui qui les a faits.

Je rentre ensuite en moi-même. J'examine qui je suis moi-même, qui recherche et qui approfondis toutes ces choses. Je trouve que j'ai un corps, et une ame ; un corps que je dois conduire, et une ame qui me conduit ; un corps pour obéir, et

4

une ame pour commander. Je discerne que l'ame est une créature plus excellente que le corps, et je comprends que c'est par l'ame et non par le corps que j'examine toutes ces choses. Je reconnais néanmoins que ce n'est que par le corps que j'ai vu toutes ces choses. J'admirais la terre : c'é-tait par les yeux que je l'avais vue. J'admi-rais la mer : c'était encore par les yeux que je l'avais connue. J'admirais le ciel, les astres, le soleil et la lune, c'était par les yeux que j'en avais la connaissance. Les yeux sont des membres de mon corps ; ce sont les fenêtres de l'ame. Il y a au de-dans quelqu'un qui regarde par ces fenê-tres ; quad la pensée est distraite ailleurs, c'est inutilement que ces fenêtres sont ou-vertes. Ce n'est point par ces yeux exté-rieurs que je dois chercher mon Dieu qui a fait tout ce que je vois de mes yeux. L'ame donc voit aussi par elle-même, puis qu'il y a quelque chose que je ne vois point par les yeux comme je vois les

couleurs et la lumière; que je n'entends
point par les oreilles, comme j'entends le
chant et le son; que je ne sens point par
les narines, comme je sens par là la dou-
ceur et l'agrément des odeurs; que je ne
discerne point par le palais et par la
langue, comme je discerne par là les
viandes, et que je ne distingue point par
tout le corps, comme c'est par tout le
corps que je connais ce qui est dur ou
mol, froid ou chaud, doux ou âpre. Il y
a, dis-je, quelque chose que je vois au
dedans de moi. Qu'est-ce à dire que je vois
au dedans de moi? C'est-à-dire, quelque
chose qui n'est ni couleur, ni son, ni
odeur, ni saveur, ni chaleur, ni froid,
ni dur, ni mol.

Qu'on me dise par exemple de quelle
couleur est la sagesse? Quand nous pen-
sons à la justice; et que sa beauté intérieure nous remplit l'ame de plaisir,
quel son a frappé alors notre oreille?
quelle odeur est venue à nos narines?

qu'en est-il venu à notre bouche? qu'est-ce
que la main a pris plaisir à en toucher ?
Cette justice est toute renfermée au dedans. Elle est belle, on la loue, on la
voit; et quoique les yeux du corps soient
dans les ténèbres, l'esprit ne laisse pas
de jouir au dedans de sa lumière. Que
voyait Tobie, lorsque étant aveugle il
donnait à son fils qui voyait le jour, des
avis si sages pour la conduite de sa
vie ?

Il y a donc quelque chose que l'ame
qui domine, qui gouverne et qui habite
le corps, voit par elle-même; qu'elle ne
connaît point par les yeux, ni par les
oreilles, ni par les narines, ni par le palais, ni par l'attouchement; mais par elle-
même ; et qu'elle connaît sans doute
mieux par elle-même, que par le corps
qui est son serviteur. Cela est indubita-
ble. Car l'ame se voit par elle-même, et
pour se connaître elle se voit. Elle n'a
point recours aux yeux pour se connaî-

tre. Elle se sépare au contraire de tous
les sens du corps comme d'autant de choses qui l'empêchent et qui l'embarrassent,
afin de rentrer en elle pour se voir elle-
même dans elle-même, et pour se connaître dans elle-même.

Mais Dieu est-il quelque chose de semblable à ce qu'est l'ame? Il est vrai qu'on
ne peut voir Dieu que par l'ame ; mais on
ne peut pas néanmoins le voir comme on
voit l'ame. Car l'ame cherche quelque
chose qui est Dieu, que ceux qui lui disent : où est votre Dieu? ne puissent
pas insulter. Elle cherche une certaine
vérité immuable, et une substance qui
n'est point sujette à la défaillance. Notre
ame n'est pas de la sorte ; elle diminue ;
elle croît ; elle connaît ; elle ignore ; elle
se souvient ; elle oublie ; tantôt elle veut
une chose, tantôt elle ne la veut pas. Dieu
n'est point capable de ces changements.
Si je dis que Dieu est sujet au changement,
ceux qui me disent : *Où est votre Dieu?*

m'insulteront aussitôt. Ainsi, cherchant
mon Dieu dans toutes les choses visibles et
corporelles, et ne le trouvant point,
cherchant sa substance dans moi-même,
comme si c'était quelque chose de semblable à ce que je suis, et ne le trouvant pas
encore, je comprends enfin que Dieu est
quelque chose d'élevé au-dessus de mon
âme.

*Saint Augustin continue à prouver l'exis-
tence de Dieu par les paroles
suivantes du prophète :*

*J'ai médité ces choses, et j'ai répan-
du mon âme au-dessus de moi.* Quand
mon âme pourrait-elle atteindre ce qui
est élevé, et ce que l'on doit chercher au-
dessus de mon âme, si mon âme ne se ré-
pandait au-dessus d'elle-même? Car si
l'âme demeurait dans elle, elle ne verrait
pas son Dieu. Que ceux donc qui m'insul-
tent me disent maintenant : *Où est votre
Dieu?* Oui, qu'ils le disent : pour moi, tant
que l'on me diffère ce bonheur, mes larmes
sont ma nourriture jour et nuit. Qu'ils me

disent encore : *Où est votre Dieu?* Je cherche mon Dieu dans toutes les créatures terrestres et célestes, et je ne le trouve point ; je cherche sa substance dans mon ame et je ne la trouve point. J'ai néanmoins pensé à un moyen de chercher mon Dieu ; et souhaitant de passer des choses visibles à la connaissance des beautés invisibles de Dieu, j'ai répandu mon ame au-dessus de moi, et il ne me reste plus à atteindre et à toucher que mon Dieu. C'est là qu'est la maison de mon Dieu ; c'est au-dessus de mon ame, c'est là qu'il habite, c'est de là qu'il me regarde, c'est de là qu'il me gouverne, c'est de là qu'il veille sur moi, c'est de là qu'il m'excite, c'est de là qu'il m'appelle, c'est de là qu'il me redresse, c'est de là qu'il me conduit, et c'est de là qu'il me fait arriver au bout de ma course.

Mais je ne vois rien, dites-vous ; que voulez-vous que je croie? Insensé que vous êtes ; voyez-vous votre ame? Vous avez des yeux pour voir votre corps ; en avez-vous pour considérer votre ame? Puis donc qu'il ne paraît de vous que le corps, pourquoi ne vous enterre-t-on pas? Vous vous étonnez de ce que je dis. Pourquoi ne vous ensévelit-on pas? Vous répondez : C'est parce que je suis en vie : Car vous avez encore assez de sentiment pour faire cette réponse. Mais comment puis-je savoir que vous êtes en vie, puisque je ne vois point votre ame? Vous me répondez : C'est parce que je parle ; c'est parce que je marche ; c'est parce que j'agis. O aveugle, ô insensé, vous voulez que je connaisse par les actions et par le mouvement de votre corps que vous êtes en vie, et vous ne voulez pas de même connaître le Créateur par ses créatures !

Quelque autre dira peut-être : Je ne serai plus rien quand je serai mort. C'est apparemment quelque homme habile qui nous parlera de la sorte. Il a étudié la Philosophie. Il a appris ces connaissances si particulières d'Epicure, un je ne sais quel philosophe, plus ami de la vanité que de la sagesse, à qui les philosophes mêmes ont donné le nom de pourceau, parce qu'il a établi le souverain bien dans le plaisir de la chair.

Providence de Dieu.

Pour affermir dans la croyance d'un Dieu qui gouverne tout, je rapporte encore la doctrine de S. Augustin développant les paroles du prophète : *Feu de l'air, grêle, glace, vents impétueux et tourbillons qui exécutez ses ordres.* S. Augus-

tin dit : Pourquoi le Prophète ajoute-t-il
ces paroles : *Qui exécutez ses ordres?* Plusieurs personnes qui ont peu d'intelligence
ne pouvant reconnaître la dépendance, que
dans leur rang, du souverain pouvoir de
Dieu qui les règle, se sont imaginées que
Dieu ne gouverne que les créatures célestes, et qu'il abandonne les terrestres
sans en prendre aucun soin, et les laissant
aller au hasard comme elles peuvent. Ces
personnes se disent des raisons qui les
persuadent, mais ne vous en laissez pas
persuader, mes frères, et lorsque vous
entendez leurs blasphêmes détestables n'y
prenez aucune part, ne consentez point à
leur impiété. Si Dieu, disent-ils gouver-
nait les pluies, pleuvrait-il dans la mer?
Où serait sa providence de laisser la Gétulie brûler de chaleur, et de répan-
dre inutilement les pluies sur l'Océan? Ils se
croient habiles en raisonnant de la sorte.
Mais on peut leur répondre en un mot : La
Gétulie est brûlée de la soif, afin que vous
n'en soyez pas brûlé vous-même. Il était
bon que vous eussiez l'exemple d'une terre
brûlée du soleil, afin que vous puissiez dire
à Dieu avec David : « Mon ame est devant
« vous comme une terre sans eau : ce qu'il
dit plus clairement dans un autre endroit :
« Mon ame soupire après vous comme pres-

« sée d'une soif ardente, et mon corps se
« sèche dans ce désir. Et J.-C. dit dans l'E-
« vangile : Bienheureux ceux qui ont faim
« et soif de la justice, parce qu'ils seront
« rassasiés. » C'est être rassasié, mais d'une
manière bien déplorable, que de tenir ces
discours impies. Ces personnes se croient
savantes. Ne voulant rien apprendre, elles
témoignent qu'elles n'ont point soif. Si
elles étaient pressées d'une soif intérieure,
elles souhaiteraient d'être instruites : et
reconnaissant enfin que rien ne se fait sur
la terre sans la providence de Dieu, elles
admireraient jusqu'à la disposition des petites parties d'une puce.

Car enfin, mes frères, qui est celui qui
a arrangé les parties d'une puce ou d'un
cousin ? Qui les a mises dans la place qui
leur est propre ? Qui leur a donné leur vie
et leur mouvement ? Prenez la plus petite
bête ; considérez-la : voyez si vous pourrez comprendre l'ordre qui paraît dans les
parties de son petit corps, et cette vie qui
l'anime et la fait mouvoir. Elle fuit la mort
autant qu'elle peut ; elle aime la vie. Elle
a de la pente pour le plaisir ; elle s'éloigne
de la douleur, elle use de l'activité de ses
sens en différentes manières, et fait paraître une vigueur admirable dans tous les
mouvements qui lui sont propres. Qui peut

comprendre la délicatesse de ce petit canal avec lequel elle prend sa nourriture? Qui a arrangé, qui a fait ces créatures? Vous êtes épouvanté de ces ouvrages. Adorez celui qui fait paraître avec tant d'éclat sa grandeur, même dans les plus petites choses.

Demeurez donc fermes dans ce principe, mes frères. Que personne ne vous fasse perdre la foi. Que personne ne vous égare de la saine doctrine que nous tâchons de vous apprendre. Le même Dieu qui a fait l'Ange dans le ciel, a fait le vermisseau sur la terre. Il a fait l'Ange dans le ciel pour le placer dans les cieux, et le vermisseau sur la terre afin qu'il y fît sa demeure. Aurait-il fait l'Ange pour ramper dans la boue, et le vermisseau pour le placer dans le ciel? Il a distribué à ces deux demeures si différentes des habitants qui y fussent proportionnés. Il a fait des créatures incorruptibles pour demeurer dans des lieux incorruptibles. Il en a fait de corruptibles pour habiter dans les lieux qui sont sujets à la corruption. Jetez les yeux sur l'Univers entier, afin d'en admirer et d'en louer la beauté.

Si donc Dieu règle jusqu'aux petits membres du plus petit vermisseau, ne règle-t-il pas aussi le vaste mouvement des nuées? Mais pourquoi donc, dites-vous,

pleut-il dans la mer? Croyez-vous que
dans la mer il n'y ait pas des créatures qui
se nourrissent de la pluie? N'est-ce pas
Dieu qui a fait les poissons, et qui a
créé les animaux qui se trouvent dans ses
abîmes? Considérez l'avidité des poissons
pour recevoir l'eau douce des pluies. Vous
continuez encore. Vous demandez pourquoi Dieu accorde la pluie aux poissons et
ne vous l'accorde pas à vous-même. Il le
fait afin que vous vous souveniez que vous
êtes ici comme dans un désert et dans un
lieu de bannissement, afin que la vie présente vous devienne amère, que vous sou-
piriez après la future, et que ces maux
servent à vous punir, à vous châtier, à
vous corriger.

Qui n'admirera avec quelle sagesse Dieu
a distribué à chaque pays des qualités qui
lui sont propres? Nous voyons dans la Gétulie dont nous parlons, qu'il y pleut pres-
que durant toute l'année, et que toutes les
années elle rapporte du blé. On n'y peut
garder le blé, il se corrompt bientôt;
parce qu'il en vient du nouveau tous les
ans. Ici au contaire, parce qu'il n'y vient
que rarement, il y vient avec abondance,
et se conserve long-temps. Croyez-vous
néanmoins que Dieu abandonne les habitants de la Gétulie? Croyez-vous que les

peuples des ces terres désertes et desséchées, n'ont pas aussi leur joie, et qu'ils n'offrent pas à Dieu leurs louanges? Prenez un homme de la Gétulie, mettez-le ici au milieu de nos arbres les plus rians, il voudra s'enfuir, et retourner à la stérilité de ses déserts sauvages. Ainsi Dieu a distribué avec une souveraine sagesse à chaque temps, et à chaque pays des dons particuliers. Je serais trop long si je considérais avec soin toutes les créatures. Quand je le voudrais, le pourrais-je faire? Ceux néanmoins dont Dieu a éclairé les yeux, y découvrent beaucoup de choses qui les ravissent de joie lorsqu'ils les voient, et qui par ce plaisir les portent non à les louer elles-mêmes, mais à louer celui qui les a créées.

Ainsi, mes frères, toutes les créatures louent Dieu. C'est dans cette vue que le Prophète ayant dit ici : *Louez Dieu, feu de l'air, grêle, glace, vents impétueux et tourbillons*, qui semblent aux insensés être des choses incompréhensibles qui ne sont réglées par aucune sagesse, il ajoute aussitôt : *Qui exécutez ses ordres.* Peut-on dire que ces créatures soient emporées au hasard, puisque dans tous leurs mouvements elles exécutent si exactement les ordres de Dieu? Dieu fait luire le feu où il lui plaît.

Il fait marcher les nuées où il veut pour porter selon ses ordres la pluie, la neige, ou la grêle.

Vous direz : Pourquoi donc la foudre frappe-t-elle quelquefois inutilement une montagne? Que n'est-elle plutôt lancée sur quelque voleur? Je ne puis répondre à cela que selon mon peu de lumière, et autant que Dieu m'en a donné le pouvoir. De plus éclairés que moi pénétreront mieux ces raisons. Je prie Dieu d'éclairer lui-même intérieurement vos esprits de sa lumière, plus que je ne le puis au dehors par mes paroles, pourvu que vous soyez sages et humbles dans vos connaissances, et qu'elles soient sans orgueil. Tout ce que je puis opposer à cette difficulté, pourquoi Dieu frappe les montagnes de la foudre et qu'il ne frappe pas plûtôt un voleur; c'est parce qu'il attend encore la conversion du voleur, et que dans cette pensée il frappe la montagne qui ne peut rien craindre, afin que l'homme qui craint se convertisse.

Vous-mêmes lorsque vous châtiez vos enfants, vous faites du bruit, vous frappez la terre du pied, afin que votre fils en soit plus épouvanté. Ce n'est pas que Dieu ne se serve du tonnerre pour en frapper qui il lui plaît. Je le sais, dites-vous; mais souvent il le fait tomber sur des innocens et ne fait rien aux coupables. Ne vous étonnez pas de cette conduite. Toute mort est bonne pour les bons, de quelque manière qu'elle arrive. Savez-vous ce que Dieu prépare en secret à ce scélérat, s'il ne se hâte de se convertir? Ceux à qui Dieu dira : *Allez au feu éternel*, n'aimeraient-il pas mieux périr d'un coup de tonnerre, que d'entendre cette parole? Ce que vous avez à faire, est de bien conserver l'innocence. Alors toute mort vous sera bonne.

Le Peuple doit avoir la connaissance de la vraie Religion.

Dieu donna à Moïse les deux tables de la loi pour les communiquer au peuple, et ces commandements de Dieu ont porté le bonheur à tous ceux qui les ont observés; au contraire, ceux qui ne les ont pas observés ont été malheureux.

Dieu dit à Moïse : Gardez mes lois et mes ordonnances; l'homme qui les garde trouvera la vie. Je suis le Seigneur; si vous marchez selon mes préceptes, et si vous gardez et pratiquez mes commandements, je vous donnerai les pluies, à chaque saison la terre produira les grains, et les arbres seront remplis de fruits; j'établirai la paix dans l'étendue de votre pays; vous dormirez en repos, et il n'y aura personne qui vous inquiète. Vous poursuivrez vos ennemis, et ils tomberont en foule devant vous : cinq d'entre vous en poursuivront cent, et cent d'entre vous en poursuivront dix mille; vos ennemis tomberont sous l'épée devant vos yeux.

Le Saint-Esprit a bien dit que le juste est hardi comme un lion et ne craint rien.

Dieu dit : Je suis le Seigneur votre Dieu, un Dieu jaloux qui punit l'iniquité des pères sur les enfants jusqu'à la troisième et la quatrième génération de ceux qui me haïssent, et qui fait miséricorde jusqu'à mille et mille générations à ceux qui m'aiment et qui gardent mes préceptes.

La Sagesse ajoute : Quoi qu'il arrive au juste, il ne s'attristera point; mais les méchants auront le cœur pénétré d'affliction; celui qui opprime le pauvre fait injure à celui qui l'a créé; mais celui qui a compassion rend honneur à Dieu; peu, avec la crainte du Seigneur, vaut mieux que de grands trésors qui ne rassasient point.

Le Seigneur n'affligera point, par la famine, l'âme du juste; la bénédiction du Seigneur fait les hommes riches.

Les enfants d'Israël firent le mal aux yeux du Seigneur, et le Seigneur étant en colère contre Israël, les livra entre les mains de Chussan-Rasataïm, roi de Mésopotamie, auquel ils furent assujétis pendant huit ans, et ayant crié vers le Seigneur, il leur suscita un sauveur qui les délivra, Othoniel, fils de Cénez, frère puîné de Caleb, qui se mit en campagne pour combattre Chussan-Rasathaïm. Le Seigneur ayant livré ce roi entre les mains d'Othoniel, qui le défit, le pays demeura en paix pendant quarante ans. Les enfants d'Israël commencèrent encore à faire le mal aux yeux du Seigneur, qui fortifia contre eux Eglon, roi de Moab, parce qu'ils avaient péché devant lui. Les enfants d'Israël furent assujétis à Eglon pendant dix-huit ans. Après cela ils crièrent vers le Seigneur, et il leur suscita un sauveur nommé Aod. Ensuite ils firent le mal aux yeux du Seigneur, et le Seigneur les livra successivement entre les mains des Chananéens, des Madianites, des Philistins, des Ammonites, et lorsqu'ils se convertirent au Seigneur, il les délivra par les mains de Barac, Gédéon, Jephté et Samson, à proportion qu'ils crièrent vers Dieu et changèrent de vie.

*Finissons ce traité par les paroles du Pro-
phète, que S. Augustin explique
comme suit :*

Le Dieu des Dieux, le Seigneur a parlé.
Il a parlé en plusieurs manières. Il a parlé
par les Anges ; il a parlé par les Prophètes ;
il a parlé lui-même de sa propre bouche.
Il a parlé par les Apôtres. Il a parlé tous
les jours par ses fidèles. Il vous parle
même par notre bouche, lorsque nous
disons la vérité. Considérons donc ce
Dieu qui parle en tant de différentes manières, en tant de diverses façons, par
tant d'organes, par l'entremise de tant de
personnes, quoique néanmoins ce soit lui
seul qui parle en les touchant, en les re-
muant, en les inspirant.

NOTA. Le lecteur a dû remarquer que cet écrit
contient uniquement la doctrine de l'Ecriture-
Sainte et de l'Eglise catholique, apostolique et
romaine. Les exemples sont tirés de la même Ecriture-Sainte, ainsi que des auteurs approuvés par
les Evêques de France.

FIN.

Imp. D.

www.ingramcontent.com/pod-product-compliance
Lightning Source LLC
Chambersburg PA
CBHW052218270326
41931CB00011B/2395